성경으로 미국을 읽다

일본 교육의 현장에서

현대일본총서 05

성경으로 미국을 읽다

일본 교육의 현장에서

石黑 Marie Rose 지음
김춘미 옮김

도서출판 | 문

| 처음에 |

요즘은 몇 백만 명 되는 분들이 미국에 가보았거나 갈 계획을 세우고 있습니다. 목적은 관광, 비즈니스, 국제회의, 정치외교적 용무, 공부 또는 연구 등 여러 가지입니다. 한국인에게 미국은 가장 가까운 나라 중 하나라고 할 수 있겠죠.

홈스테이라는 형태의 유학이 정착되어 있는 것을 보아도 영어는 물론 'God's Country(하나님의 나라)'라고도 불리는 미국과 영어권 문화에 대해 좀 더 깊이 알고 싶어 하는 한국 분들의 열정이 느껴집니다.

그러나 미국이라는 나라는 정치·경제는 말할 것도 없고, 올림픽 같은 국제무대에서의 스포츠, 음악, 할리우드 영화, 테마파크 등 문화면과 온갖 분야에서 강력하고 활력 넘치는 화려한 이미지만이 두드러지기 때문에 미국을 좋아하는 사람이나 미국에 가는 분들 가운데서 진짜 미국, 즉 성경에 기초를 두고 기독교적 가치관과 생활양식을 지니는 그 참된 모습을 아는 사람은 극히 일부라고 할 수 있지 않을까요?

한 예로, 미국의 텔레비전 광고에서는 스폰서인 기독교 단체가 이웃사랑을 호소하며 「지구를 창조하신 하나님을 위해서 지구온난화를 저지합시다.」라고 권유하는 광고를 일상적으로 볼 수 있습니다. 미국이 경제적 이유로 CO_2 배출 삭감량을 결정한 교토(京都)의정서에 서명하지 않은 것은 사실입니다. 그러나 한편으로는 위의 광고처럼 그다지 뉴스거리가 되지는 않지만, 성경적 가치관에 기초한 사고방식도 굳건히 존재합니다.

이 「이웃을 사랑하라」라는 것은 크리스천에게는 중요한 성경의 가르침이어서 큰 문제를 다룰 때나 길거리나, 공공장소에서 모르는 사람하고 인사할 때 기반이 되고 있는 가치관입니다. 이는 한국의 「덕분에」와 같은 전통적인 사고방식과 비슷합니다. 오해를 무릅쓰고 비유한다면 한국의 가치관이 「된장 맛」인데 대해, 미국은 「케첩 맛」이라고 할 수 있을 것 같습니다. 맛과 색깔은 다르지만 양쪽 다 많은 사람이 좋아하기 때문입니다.

영어를 공부하거나, 미국을 관광이나 일로 방문하거나, 혹은 한국에서 미국인과 접촉할 때에는 생각과 가치관에 유사한 점과 다른 점이 있다는 사실을 인식하고 그 문화를 이해하는 것이야말로 중요하다고 할 수 있습니다.

이 책이 학생, 비즈니스맨, 교육자, 관광객, 정치가, 의사, 변호사, 저널리스트, 통·번역가, 그리고 모든 사회적 지위에 계시는 분께 미국의 마음을 이해하기 위한 가이드북이 되기를 바랍니다.

2006년 2월 14일

이시구로 마리로즈

| 목차 |

서장
성경이란

'하나님의 나라' 미국을 지탱하는 기독교 문화

미국의 역사는 17세기에 영국의 절대왕정을 피해 보스턴 동남쪽 프리머스에 메이플라워 호로 상륙한 필그림 파더스(Pilgrim Fathers 순례시조)를 빼놓고는 이야기할 수 없습니다. 그들은 신앙의 자유를 구하여 신대륙에 온 사람들로, 처음에는 겨우 102명에 지나지 않았지만 버지니아, 뉴잉글랜드 등 동해안 북부에 많은 크리스천이 이주하여 13개의 식민지가 건설되었습니다.

초대 대통령인 조지 워싱턴이나 독립선언문을 기초하고 제3대 대통령이 된 토머스 제퍼슨 등 미국의 건국자들은 위와 같은 식민지 출신이며, 신앙의 자유를 존중하는 국가 건설을 지향했습니다. 그래서 건국 약 200년 밖에 안 되지만, 미국의 역사는 '하나님의 나라'를 이 세상에 실현하기 위한 위대한 역사라고도 할 수 있습니다.

그렇다면 그 근간이 되고 있는 기독교 문화란 어떤 것일까요? 그것을 알려면 성경에 대한 이해가 중요합니다. 그래서 여기에서는 간단하게 성경에 대해서 설명하겠습니다.

'책 중의 책'이라고 불리는 성경

알래스카 항공의 기내식 카드

한국에서는 영어 수업시간에 성경을 "the Bible"이라고 가르치지만, 크리스천들은 "the Book of Books"(책 중의 책)이라고도 부릅니다. 그렇게 별격의 책으로 다루어지고 지금도 여전히 베스트셀러인 성경이란 도대체 어떤 책일까요?

한 예로, 미국의 알래스카 항공 비행기를 타면 식사 쟁반에 작고 귀여운 카드가 놓여 있고, 거기에는 성경 구절이 적혀 있습니다. 또 CIA(미국 중앙정보부) 본부 정면 문 안쪽에는 "And ye shall know the truth, and the truth shall set you free."(진리를 알지니 진리가 너희를 자유롭게 하니라)라는 성경구절이 새겨져 있습니다. 이것은 간단한 영어이지만, 성경, 좀 더 정확하게는 요한복음서 제8장 32절을 모르면, 여기에서 말하는 'free'(자유)라는 것이 노예와 같은 예속 상태로부터의 해방이 아니라, 죄로부터의 해방(자유)을 의미하는 것이라고는 상상도 못할 것입니다.

성경이란 지식, 정보, 역사, 문학, 시 등을 기록한 책이지만, 그것뿐 아니라 무엇보다도 영원의 생명에 걸맞으려면 이 세상에서 어떻게 살아야 할 것인가에 대해 쓴 지침서이자 영감(靈感)의 보고입니다.

유대민족의 역사와 예언이 기록되어 있는 구약성경

성경은 크게 구약성경과 신약성경으로 나누어집니다. 구약성경은 유대민족이 하나님과 맺은 계약인데 유대민족의 역사와 하나님의 계시 등이 기록되어 있으며 39권으로 이루어져 있습니다. 구약성경은 성경 앞쪽의 두터운 부분이며 세계 창조에서 시작되어 예수 그리스도 탄생 이전까지의 시기에 해당됩니다. 예수님은 원래 유대교도셨으니까, 구약은 유대교도뿐 아니라 기독교도에게도 신성합니다.

구약성경은 크게 4개로 나눌 수 있습니다. 제1은 '모세오경(The Pentateuch)', 제2는 '역사서(The Historical Books)', 제3은 '교훈서(The Wisdom Books)', 그리고 제4는 '예언서(The Prophetic Books)'입니다. '모세오경'에는, '창세기(Genesis)', '출애굽기(Exodus)', '레위기(Leviticus)', '민수기(Numbers)', '신명기(Deuteronomy)'가 있는데 특히 맨 처음의 '창세기'는 제임스 딘이 주연이었던 영화 「에덴의 동쪽」의 모티브가 되기도 하고, 미켈란젤로가 그린 바티칸 궁전의 시스테인 예배당의 벽화 「천지창조」에 그려지는 등, 구미 사람에게는 친숙한 이야기입니다.

5달러에 그려진 링컨

미국의 제16대 대통령 에이브러햄 링컨은 '창세기'에 등장하는 고대 히브리 민족의 시조 아브라함의 이름을 땄습니다. 덧붙여 말한다면, "Genesis"란 그리스어로 '기원', '원천'이라는 의미입니다.

또 구약성경의 '시편(Psalms)'의 저자는 아브라함의 자손인 유대 제2대 왕 다윗으로, 다윗왕의 심벌인 'Star of David'(독수리 위의 별)은 미국의 1달러짜리 지폐에 인쇄되어 있습니다. 다윗의 노래에는 마음에 스며드는 사랑과 평화, 위로의 말들이 많이 담겨 있습니다.

1달러에 그려진 다윗의 심볼

구약성경에는 또한, 신약성경에서 실현될 수많은 예언이 기록되어 있습니다. 그 대표적인 것이 '이사야서(The Book of Isaiah)'로 예수님 탄생보다 800년이나 전의 예언자인 이사야의 말이 기록되어 있습니다.

"For unto us a child is born, unto us a son is given…… and his name shall be called Wonderful, Counselor, The mighty God. The everlasting Father, The Prince of Peace……." 〈Isaiah 9:6 King James Bible〉 (이는 한 아기가 우리에게 났고 한 아들을 우리에게 주신바 되었는데 그는 우리의 통치자가 될 것이고 그 이름은 놀라운 조언자라, 모사라, 전능하신 하나님이라, 영원히 존재하시는 아버지라, 평강의 왕이라 할 것임이라. 〈이사야서 9:6〉)

예수와 제자들 그리고 그를 믿는 사람들의 언행을 기록한 신약성경

한편, 신약성경은 예수 그리스도에 대한 기술을 중심으로 그 제자들의 편지와 언행록 등의 27권으로 이루어져 있습니다. 이것은 성경 뒤쪽에 있는 비교적 얇은 부분입니다. 처음 부분은 네 개의 복음서로 이루어져 있습니다. '복음'이란 좋은 소식이라는 의미입니다. 그 중에서 '마태복음서'는 다음과 같이 예수의 조상을 열거하는 데로부터 시작됩니다.

"This is the list of the ancestors of Jesus Christ, a descendant of David, who was a descendant of Abraham." 〈Matthew 1:1 Good News Bible〉 (아브라함과 다윗의 자손 예수 그리스도의 계보라. 〈마태복음 1:1〉)

또한 교회나 호텔에서의 결혼식에서는 사랑에 대한 글인 '고린도전서(Paul's First Letter to the Corinthians)' 13장이 자주 인용됩니다. 신약성경에는 네 개의 복음서 외에도 여러 가지 내용의 중요한 글들이 포함되어 있습니다.

또 성경은 판에 따라서는 "성경외전(Apocrypha)"이라고 불리는 것을 수록한 것도 있습니다. "성경외전"은 14개의 중요한 기록으로 이루어져 있습니다. 여러분이 도서관이나 서점에서 성경을 보실 때는 표지에 "with Apocrypha"라고 쓰여 있는지 확인해 보십시오.

또 하나 성경에는, 특히 '시편'은 판에 따라서 절이 조금씩 다르기도 합니다. 예를 들어 어떤 성경에서는 7절로 되어 있는 것이, 다른 판에서는 9절이 되어 있기도 하고, 4절이 5절이 되어 있기도 합니다. 그런 것을 발견하셔도 절대로 틀린 것이라고 생각하지는 말아주세요. 원래 성경의 원전은 히브리어, 아르마익어(Armaic), 그리스어로 쓰여 있었기 때문에 수많은 번역가의 의견이 다를 수가 있기 때문입니다.

그뿐 아니라 성경을 읽는 사람의 취향도 관련이 됩니다. 영어판의 경우 "Good News Bible"과 같은 현대 영어판을 좋아하는 사람이 있는가 하면, 제 아버지처럼 "The New Jerusalem Bible"이나, 고어체로 쓰여 있는 "King James Bible"을 좋아하는 사람도 있습니다. 일례로 "King James Bible"의 'Thou shalt not'이라는 것은 현대 영어의 'Do not'이고, 'Then spake Jesus'는 'Jesus spoke'이기도 합니다. 이러한 사정을 모르는 사람은 'spake'가 'spoke'를 잘못 쓴 것이라고 생각하겠지요?

그러니까 영어를 공부하시는 독자 여러분은 한국어 성경뿐 아니라 영어 성경도 같이 읽으시면 좋을 것입니다. 그러면 이러한 차이 같은 것도 잘 이해되어 재미있지 않을까 합니다. 독일어든 중국어든 다른 언어를 공부하는 분들은 그 언어로 된 성경을 읽으면 그 문화를 이해하는 데 도움이 될 것이므로 적극 추천합니다.

친애하는 독자 여러분, 여러분 가운데는 '아이, 복잡해!'라든가, '어머, 어려워!'라고 생각하실 분이 계실지도 모릅니다. 그렇지만 이것은 여러분이 생각하는 것보다 훨씬 더 간단합니다. 그리고 여러분이 공부하고 있는 영어나 구미 문화와 무척 많이 관계되어 있다는 사실을 알게 되면 놀라실 것입니다. 성경에 나오는 이야기는 선, 악, 기적, 살인, 매춘, 탄생, 결혼, 의식 등 이 세상에서 일어나는 다양한 사건과도 관계되기 때문입니다.

링컨 대통령은 다음처럼 말했습니다. '성경은 하나님이 사람에게 주신 최선의 선물입니다. …… 성경이 없었더라면 우리는 선악을 구별하지 못할 것입니다.'라고.

하나님의 나라 미국의 이런 정신이 그들의 삶을 어떻게 지탱하고 있는지, 그들이 풍요로울 때나 병들었을 때, 어떻게 생각하며 어떻게 행동하는지에 대해서 이제부터 함께 보아나갑시다.

제1장

미국 사회와 성경

미국 사회의 초석으로서의 성경

텍사스 주의 어떤 프로테스탄트 교회의 목사는 매주 일요일, 예배를 시작하면서 신도들에게 먼저 성경을 높이 받쳐 들고 큰 소리로 다음과 같이 기도해 달라고 부탁합니다.

"이것은 제 성경입니다. 저는 성경이 말씀하신 대로의 인간입니다. 제가 갖고 있는 것들은 성경이 말씀하시는 대로의 것들입니다. 저는 성경이 할 수 있다고 하신 일들을 할 수 있습니다. 오늘 저는 하나님의 말씀을 배웁니다. 저는 용기를 내서 고백합니다. 제 정신은 긴장되어 있고 집중하고 있습니다. 제 마음은 뭐든지 받아들일 준비가 되어 있습니다. 저는 하나님의 말씀을 깊이 묵상하고 그 말씀을 좇아 변하고자 합니다. 저는 늘 같지 않습니다. 저는 영원히 쇠하지 않으며 부서지지 않으며, 영원히 살아계신 하나님의 말씀을 받아들이려고 하고 있습니다. 저는 결코 늘 똑같지 않습니다. 절대로, 절대로, 절대로 저는 늘 똑같지 않습니다. 예수님의 이름으로."

그러므로 일요일에 프로테스탄트 사람들이 성경을 손에 들거나 핸드백에 넣고 집을 나서는 모습을 보게 되는 것은 당연한 일입니다.

"좋은 책(the Good Book)"이라든가, "책 중의 책(the Book of Books)"이라고도 불리는 성경은 전 세계의 몇억 명 사람들 삶에 일부분이 되어 있는데, 기독교가 생활 가운데 깊이 뿌리내리고 있는 미국에서 역시 성경은 일상생활에서 빠뜨릴 수 없습니다.

미국에는 '성경신도(Bible Christian)'라고 스스로 자칭하는 사람도 있으며, 중서부의 남부는 '성경지대(Bible Belt)'라고 불리고 있습니다.

미국의 대통령과 국회의원, 시장들은 성경에 손을 올려놓고, 'So help you (me) God'(하나님의 가호가 있으시도록) 하고 말과 함께 선서함으로써 직무를 시작합니다. 대통령 취임식 연설은 성경으로부터의 인용을 포함하고 있습니다. 구체적인 예는 나중에 소개하겠습니다.

링컨 대통령은 "그것은 하나님이 우리 편을 들어주실 것인지 아닌지가 아니라, 오히려 우리가 하나님 편이 될지 안 될지의 문제입니다."라고 했습니다.

하나님 편이 된다는 것은 우리들이 "성스러운 책(Holy Book)"이라고도 불리는 성경의 저자 편에 선다는 이야기입니다.

또 법정 가운데에는 '십계명'을 장식한 곳이 있는데, 그것은 성경의 가르침이 미국문화와 도덕적 가치의 근거가 되어 있기 때문입니다. '십계명'이란 모세가 시내 산에서 하나님으로부터 받은 열 개의 계명으로 '부모를 공경하라', '살인하지 말라', '도둑질 하지 말라' 등 누구나가 당연히 지켜야 할 규율입니다.

교회에서 불리는 흑인 영가 음악(Gospel music)은 미국뿐 아니라 전 세계의 수많은 사람에게 영감(inspiration)을 주고 있습니다. 영감 넘치는 예술가들은 기독교 신도뿐 아니라 기독교 신도가 아닌 일본인이나 중국인의 마음도 감동시킵니다. 제가 가르치고 있는 학생 가운데는 한국인도 중국인도 있지만 그 중에는 수업을 가스펠 뮤직으로 시작해 달라고 부탁하는 학생도 있습니다. 그들은 기쁜 듯이 이렇게 노래합니다.

"나는 안다. 나는 안다. 그것은 틀림없는 사실이다. 하나님은 내 마음에 살아계신다. 그리고 나는 그 사실을 소리 높여 말하려 한다. 나는 안다. 나는 안다. 나의 죄는 사함 받고 나는 천국이라고 불리는 곳으로 가는 도중이라는 것을."

(I know. I know. There's no doubt about it. He lives in my heart and I'm going to shout it. I know. I know. My sins are forgiven and I'm on my way to a place that's called heaven.)

사람들을 인도하여 그 마음과 정신을 활짝 열게 만드는, 그 얼마나 멋진 해방과 관용의 센스인가요?

의회나 법정에서의 선서는 하나님께의 맹세

미국을 건국한 미합중국 헌법제정자들(founding fathers)은 성경의 원칙에 따라 나라를 세웠습니다. 성경은 미국의 근간으로 중요한 부분을 이루고 있습니다. 많은 학교에서 성경을 교과서 삼아 역사와 문학 등을 가르치고 있을 정도입니다. 대다수의 미국인은 학과에 성경 커리큘럼이 들어있는 것이 대단히 중요하다고 믿고 있습니다.

미국의 상원의회에는 'In God We Trust(우리는 하나님을 믿는다)'라는 말이 새겨져 있습니다. 그 정신에 따라 전 상원 원내 총무였던 하워드 베이커는 클린턴대통령 탄핵 시 다음과 같이 말했습니다. "선서를 하거나 진실하게 맹세하는 것은 바로 미국 법체계의 초석 그 자체입니다."라고.

그때 「뉴스위크지」 표지는 'UNDER OATH'(선서 하에)라는 것이었습니다.

2005년 5월, BBC방송 리포터는 영국의 하원의원 조지 갤러웨이에 대해서 "만일 그가 정말로 이 위원회에서 거짓말을 했다면 그 결과가 나오겠지요. 그리고 그것은 선서 하(under oath)에 자행된 의회에 대한 거짓말이므로 적어도 1년간 형무소살이를 해야 한다는 것을 의미합니다."라고 했습니다. 갤러웨이는 사담 후세인 정권을 지지해 주는 대가로 후세인으로부터 2천만 배럴의 석유를 받았다고 해서 당시 미국 상원의원회가 고소했던 것입니다.

같은 날 CNN은 "영국의 조지 갤러웨이 의원이 석유와 식료 부정 사건을 조사하고 있는 상원 소위원회에서 선서한 것은, 그저 입으로만 선서한 것에 지나지 않았다."고 보도하고 있습니다. 그 소위원회의 위원장은 "당신이 소위원회에서 진술하는 증언이 '진실, 전부 진실이며, 진실 그 자체입니다.(You swear to tell the truth, the whole truth, and nothing but the truth, so help you God.)'라고 맹세해 주세요. 하나님께 맹세하겠습니까?"라고 확인했고, 갤러웨이 의원은 오른손을 들고 "I do."(맹세합니다)라고 선서했던 것입니다.

"저는 석유통을 본 일도 없고, 한 배럴도 빌린 적도 산 적도, 판 적도 없으며, 또 누군가를 대신 시킨 일도 없습니다." 갤러웨이는 선서를 한 뒤에 아주 단호하게 그렇게 말했으며, 그 장면은 여기저기의 수많은 텔레비전에서 보도되었습니다.

"상원의원, 이라크에 대해 내가 말한 모든 것에서 결국 내가 옳았고 당신이 틀렸었다는 사실이 드러났습니다. 그리고 십만 명이 목숨을 바쳤던 것입니다. 그 중 7,600명은 미국 병사로 그들은 거짓말 때문에 사지에 보내졌던 것입니다."라고 갤러웨이는 공격했고 덧붙여 이렇게 말했습니다. "사실 나는 도널드 럼스펠트가 사담 후세인을 만난 것하고 꼭 같은 횟수, 후세인을 만났습니다. 다만 다른 점이 있다면 럼스펠트는 후세인에게 총을 팔고 목표를 정확하게 조준하도록 지도하려고 만났지만, 내가 그를 만난 것은 고통과 전쟁을 종료시키려는 노력의 일환이었습니다."

갤러웨이와 미국 상원의원들이 부딪쳤던 미국 연방 의회에서의 기억될 만한 대결을 전 세계 사람들이 지켜봤는데 우리는 여기에서 또 선서의 'So help you God'(하나님께 맹세하겠습니까)라는 부분을 상기하게 됩니다.

그러나 유감스럽게도 그 부분은 일본어로는 통역되지 않았습니다. 그러니까 다중방송을 청취하는 사람이라도 일본어 통역으로만 듣고 있는 사람은 진짜 외국 문화를 알 수 없게 되는 것입니다.

영화에서도 친숙한 '충성의 맹세'

2005년 9월, 상원 간부 회의실에서 1994년 이래 처음으로 존 로버트 판사의 대법관 임명을 심의하는 대법원확인청문회가 열렸습니다. 로버트는 부시 대통령이 은퇴하는 윌리엄 렌퀴스트 판사 후임으로 뽑은 사람입니다. 그는 이 200년의 최연소 리더입니다. 18명의 사법위원회 소속 상원의원들이 여러 가지 문제에 대해 로버트를 심문하려고 벼르고 있는 것을 본 사람들은, 그가 부인과 아이들을 데리고 와서 소개하는 것을 보고 놀랐을 것입니다. 그뿐만이 아닙니다. 위원장인 알렌 스팩터 상원의원이 로버트 판사에게 선서를 하기 위해 일어나서 오른손을 들도록 요구했습니다.

"당신은 여기 있는 의원들 앞에서 미국의 사법에 대해 당신이 하는 증언이 진실이며, 모두 진실이고, 진실 외에 아무것도 아니라는 것을 엄숙하게 맹세합니까? 하나님께 맹세합니까?"(Do you swear to tell the truth, the whole truth, and nothing but the truth? So help you God?)

이에 대해서 로버트는 "네, 맹세합니다(I do)."라고 대답했습니다.

이처럼 미국에서는 모든 곳에 하나님이 계시며, 간단한 인사 가운데도, 또 위의 경우 같은 공식 모임에도 하나님이 계시다는 사실을 알 수 있습니다.

영화의 법정 장면에도 비슷한 신이 있습니다. 영화 '34번가의 기적(Miracle on 34th Street)'에 아주 재미있는 선서 장면이 있는데 "Do you swear to tell the truth, the whole truth, and nothing but the truth? So help you God."이라는 말이 나옵니다.

여러분은 법원 정리(廷吏)가 극단적으로 말이 빠르다는 사실을 아셔야 합니다. 물론 한국어 자막은 모든 단어를 충실하게 번역하지는 않습니다. 그러니까 미국 문화를 모르면 영어를 전부 알아듣지 못합니다. 또 그 영화에서는 재판관이 미국 통화에 'IN GOD WE TRUST'(하나님을 믿는다)라고 인쇄되어 있거나 새겨져 있는 것에 대해 아주 멋지게 설명하고 있었습니다.

"지폐는 재무성이 발행하고, 미국정부와 국민이 인정하고 있는 물건입니다. 여기에 '하나님을 믿는다'라고 쓰여 있습니다. 우리들은 이 자리에서 하나님처럼 눈에 보이지 않는 것을 증명하려고 하고 있는 것입니다. 정부는 신앙으로 하나님을 인정했습니다. 국민의 의사이지요. 그들의 믿는 마음이 지폐에 이 글을 쓰게 했습니다. 정부는 증거가 없어도 하나님의 존재를 인정하는 지폐를 발행했습니다. 신앙을 인정하기 때문입니다. ……"라고 그 재판관은 미국의 성경문화에 대한 견해를 명백히 밝혔습니다.

진 해크먼이나 더스틴 호프먼 같은 유명한 남자 배우가 출연하는 영화 '런 어웨이(Runaway Jury)' 가운데에 '충성의 맹세'에 관련되는 유머러스한 법정 장면이 나옵니다. 저는 그 영화를 별로 좋아하지 않지만, 그 특수한 장면은 정보로 유용합니다.

판사가 법정에 들어올 때, 그리고 그 이름이 발표되고 전원이 기립할 때, 미국의 정리들은 '하나님, 이 나라와 존중되어야 할 법정을 지켜주십시오.'라고 크게 말합니다.

그 영화 앞부분에 루이지애나 주에 있는 성 니콜라스의 초라든가, 성 카탈리나의 초와 같은 성자(聖者)의 초를 파는 가게가 나옵니다. 성 카탈리나는 미혼 여성의 수호성자입니다. 좀 더 정확히 말하면 25세 이상 된 미혼 여성의 수호신입니다. 덧붙이자면 미국 보이스카우트에게는 하나님에 대한 의무라는 맹세가 있습니다. 그 일부를 발췌하면 다음과 같습니다. "……하나님과 국가에 대한 제 의무를 다 할 수 있게 최선을 다하겠습니다……."

무신론자는 공무원이 되지 못 한다

2005년 1월 20일, 제55대 대통령 취임식에서 성서를 앞에 두고 선서하는 부시와 로라

4년마다 행해지는 미국 대통령 취임식 때의 선서는 어떨까요?

"저, 조지 워커 부시는 엄숙히 맹세합니다. 저는 미합중국 대통령의 직무를 충실히 수행하며 저의 최선을 다해 합중국 헌법을 유지하고 보호하고 방어하겠습니다. 이상을 하나님께 맹세합니다."(I, George Walker Bush do solemnly swear that I will faithfully execute the office of the President of the United States and will to the best of my ability, preserve, protect and defend the Constitution of the United States. So help me God.)

이것은 부시 대통령이 2005년 1월 20일, 성경 앞에 서서 오른손을 들고 제55대 대통령 취임식에서 한 선서입니다. 이런 예를 볼 때, 우리는 제퍼슨 대통령이, '무신론자(atheists)는 하나님께 맹세하지 않으니까 정부에 들어올 수 없다'고 한 이유를 알 수 있게 됩니다. 또한 미국이 'One Nation Under God'(하나님 아래 하나 된 국가)라는 사실도 떠오릅니다.

부시 대통령 취임식에서는 기독교에 의한 미국이라는 나라에 대한 신뢰가 구가되었고, 목사는 기도하면서 '미국 국경을 지켜주셔서 감사합니다'라는 성경과 관련되는 구절을 인용하여 감사를 표명하였습니다. 그 말은 '하나님! 당신께서 영토를 지켜 주시지 않는다면 우리들의 노력은 헛됩니다'라고 하는 시편 중의 구절을 우리에게 상기시킵니다.

구약성경에 있는 다윗왕의 '시편'은 여러 가지 방법으로 우리들을 기쁘게 해줍니다.

'시편'은 마음을 맑게 해주고, 영혼을 고무할 뿐 아니라, 문학 애호가에게 다시없는 영감을 주는 서입니다.

성경을 못 읽으면 의회 운영에도 지장이 있다

건국의 아버지들이 합중국 헌법을 제정했을 때, 아이들이 글씨를 읽을 수 있게 해야 한다는 규정을 만들었다고 합니다. 아이들이 글씨를 못 읽으면 100달러 벌금을 내야했습니다. 양복 한 벌이 3달러였던 시대의 이야기입니다!

이 터무니없는 금액의 배경에는 사람들이 글씨를 모르면 성경을 읽을 수 없다고 의회가 말했기 때문이라고 합니다. 국민이 성경을 못 읽으면 의회가 성경에 반하는 법률을 통과시킬 수도 있습니다. 그리고 국민이 그러한 법률을 읽을 수 없다면 그것이 뭔지 모릅니다. 그렇게 미국법은 성경을 기초로 해서 만들어졌습니다.

헌법을 만든 55명의 의원 중 52인이 교회에서 활발하게 활약하고 있었습니다. 그들 가운데에는 사전을 처음 만들었다고 해서 유명한 노아 웹스터가 있었는데, 그는 성경의 장(章)이나 절을 정확하게 인용할 수 있었다고 합니다. 워싱턴 대통령은 이임(離任) 연설에서 "여러분은 종교적 원칙을 떠나서는 합리적인 도덕을 지킬 수 없습니다."라고 했습니다.

앞에서도 말했듯이 미국의 모토는 'One Nation Under God'(하나님 아래 하나 된 국가)입니다. 기도 조찬회(Prayer Breakfast)는 미국 대통령이 하나님을 그 생활의 중심에 두는 기회입니다. 상원의회의 예배당 부속 목사(Senate chaplain)는 상원의회 개회식 때 기도를 드리면서 상원의원들이 현명한 선택을 하도록 주의를 주는 것이 관례가 되어 있습니다.

예수에 대해 이야기하는 대통령 선거

1999년, 당시 텍사스 주지사였던 조지 W. 부시가 처음으로 대통령 선거전에 출마했을 때였습니다. 특약기고가인 칼 토머스는 저널리스트의 역할에 대해 질문받자 다음과 같이 대답했습니다.

"저널리스트는 예수나 모세의 특수용어와 '십계명'을 비롯한 기본적인 가르침 몇 개 정도는 충분히 숙지하고 있어야 합니다. 그것은 우리가 경제나 세계정세에 대해 깊이 파고든 질문을 하기 위해서입니다. 그러나 유감스럽게도 저널리즘과 종교가 뿔뿔이 흩어져서 우리 중 많은 사람이 피상적인 질문이나 일반적인 평가밖에 못하고 있습니다. 우리 저널리스트들이 예리하게 파고드는 질문을 안 한다면 대중에게 좋은 서비스를 하고 있는 것이 아니라고 생각합니다."

어쨌든, 미국에서는 대통령 후보자가 예수 그리스도에 대해서 너무 많이 이야기하기 때문에 '정치가인지 설교가인지(the politician from the preacher) 분간하기 어려운 사람이 있다'는 말까지 듣습니다. 칼 토마스는 "만일 그런 후보가 천국에 가는 방법(get to heaven)을 안다면, 멋진 일이지요. 그러나 저는 투표인의 한 사람으로서, 그들이 워싱턴에 가는(get to Washington) 방법을 알고 있는지 어떤지, 그리고 신앙이 없었더라면 안 했을 것 같은 일을, 깊은 신앙심 때문에 하는 것과의 차이를 어떻게 보여줄지 궁금합니다."라고 덧붙이고 있었습니다.

부시 대통령은 사우스캐롤라이나 주에서 선거 운동을 시작했을 때, "행정부는 돈을 뿌릴 수는 있지만 우리 마음에 희망을 갖게 하거나 우리 인생에 목적의식을 지니게 할 수는 없습니다. 그것은 교회나 시나고그(synagogue)나 모스크 등 종교적인 장소에서 발견됩니다."라고 하여 '신앙에 근거한 시설'을 장려했습니다.

20달러 지폐에 인쇄되어 있는 'IN GOD WE TRUST' 문자

코네티컷 주 출신 상원의원인 민주당의 조셉 리버만은 앨 고어가 대통령으로 당선되었더라면 부통령이 되었을 사람이지만, '신앙에 근거한 시설'이 좋은 일을 할 수 있게 정부자금을 지원해야 한다는 부시 대통령의 계획에 대해 다음처럼 코멘트하고 있습니다.

"나는 그 계획을 지지합니다. 그 계획으로 '신앙에 근거한 시설'이 정부의 공공을 위한 서비스라는 목적을 도울 수 있습니다." 나아가 그는 "만약 홈리스나 마약 상습범, 죄수가 감동하고 격려되어, 자력으로 자기 문제를 처리할 힘을 갖게 된다면 우리 모두에게 이익이 되지 않겠습니까? 시설은 그 때문에 있는 것이라고 생각합니다. 제가 두려워하는 것은 마약 상습범이 종교를 찾아내 문제를 치유하는 것이 아니라, 그들이 활발하게 움직여서 도둑질을 하거나 사람을 다치게 할 수 밖에 없게 되는 일입니다." 그리고 나서 리버만은 제2대 대통령인 존 아담스가 '우리의 헌법은 주로 도덕적이고 신앙심 깊은 사람들을 위해서 쓰였다'라고 했던 사실과 조지 워싱턴이 '종교가 없어도 도덕에 들어맞게 살 수 있다는 반대론에 빠져서는 안 된다'라고 경고했던 사실을 상기시켰습니다.

일반적으로 영어에서 잘 사용되는 표현이지만, '신앙을 드러내 놓고 말하든(to wear one's faith on one's sleeve)', '말하지 않든(not to wear one's faith on one's sleeve)', 미국에서는 미디어 여기저기에서 '하나님 아래 하나 된 국가(One Nation Under God)'라는 모토와, '우리는 하나님을 믿는다(In God we trust)'라는 것이 느껴집니다. "IN GOD WE TRUST"라는 문장은 미국의 동전에 새겨져 있으며, 일반 지폐에 인쇄되어 있습니다. 미국에서 구약성경과 신약성경이 얼마나 일상생활에 녹아들어 있는지, 종교나 신앙에 관계되는 말들이 얼마나 많은 사람들에게 중요한지 하는 사실을 알 수 있습니다.

「워싱턴포스트지」는 '대통령 선거에 출마하려면 어떤 형태로든 예수 그리스도에 대한 신앙을 표명하지 않으면 안 되는 것 같습니다.'라고 쓰고 있습니다.

부시 대통령을 지지한 교회

2005년 5월, ABC TV는 카톨릭 대학 교수의 '챈들러는 선을 넘었다(Chandler has crossed the line)'라는 말을 보도했습니다. 그것은 노스캐롤라이나 주 웨이니스빌의 작은 동네의 목사에 관한 이야기입니다. 그 목사는 '우리 교회 신도들은 부시 대통령을 지지해야 한다. 안 그러면 다른 교회에 가라'라고 부시 대통령에게 투표하라고 강요했던 것입니다. '부시 혼자만이 진정한 크리스천이기 때문(Bush is the only true Christian)'이라는 것이었습니다.

목사와 정치적 견해가 다른 사람들은 그 지역 공동체에서 쫓겨났습니다. 그 중에는 오래된 신도와 20년이나 교회에서 활동하던 집사도 있었습니다. 챈들러 목사는 2004년 10월, 대통령 선거를 앞두고 신도들에게 "만일 여러분이 오늘 존 케리에게 투표한다면 여러분은 회개하든가 사직하지 않으면 안 될 것입니다."라고 했던 것입니다.

왜 챈들러가 선을 넘었다는 것일까요? 교회에서는 중절, 피임, 결혼, 이혼에 대해서는 이야기합니다만 신도들에게 누구한테 투표하라든가 투표하지 말라든가 하지는 않습니다. 그런 식으로 정치가 강당에서 설교된다면(preached from the pulpit) 미국의 크리스천이든 어떤 나라의 크리스천이든 혼란스럽겠지요.

미국은 '하나님 아래 하나 된 국가(One Nation Under God)'이기는 하지만, 그것은 궁극적으로 우리에게 '죄는 미워해도 죄인은 사랑하기'를 바라시는 사랑 넘치는 자비심 깊은 하나님을 믿는다는 이야기입니다.

챈들러 목사는 2005년 5월에 사직했습니다. 그는 자기가 선을 넘었다는 사실을 잘 알았음에 틀림없습니다. 아마도 그 사태는 그로 하여금 천직(天職)의 의미를 다시 생각하게 만든 시금석이었을 것입니다.

선거 뒤의 '욥 같은 기분'

2004년 1월의 「뉴스위크지」 인터뷰 기사에 'I'm Feeling Like Job'(나는 욥 같은 기분이야)이라는 제목이 있습니다. 그 기사는 대통령 후보인 하워드 딘의 오사마 빈 라덴에 대한 생각과 그가 좋아하는 성경구절에 관한 것이었습니다.

세계적으로 알려진 이 잡지의 한국인 독자도 성경과 저 유명한 욥에 대해 모른다면 세 글자로 된 단어 'Job'과 일의 'Job'을 혼동할지도 모릅니다. 「뉴스위크지」 2003년 11월 24일에 실린 이라크에 대한 패리드 자카리아의 기사 제목은 'Job One : Solve the Sunni Problem'(제1과제 : 수니파 문제의 해결)로 되어 있었습니다. 이 제목은 어떤 독자나 번역가라도 혼동을 일으키지 않을 것입니다. 이 경우의 'Job'은 성경하고는 관계가 없는 세 글자 단어이기 때문입니다.

「뉴스위크지」 기자가 민주당 대통령 후보에게 물은 것은 "당신이 좋아하는 성경구절이나 신학자에 관한 책이 있습니까?"라는 것이었습니다.

딘은 "나는 '욥기'를 좋아합니다."라고 대답했습니다.

기자는 계속해서 "욥기가 선거전 뒤에 개인적으로 좀 더 마음에 스며듭니까?"라고 물었습니다.

딘은 "요즘은 어쩐지 욥 같은 기분입니다."라고 대답하고 있습니다. 이러한 예는 우리에게 미국의 정치가나 기자들이, 한국의 정치가나 기자들하고 다른 어휘를 지니고 있다는 사실을 인식하게 합니다. 실제로 선거에 진 딘은 그의 인생에서 커다란 패배를 경험했을 때, 욥과 똑같이 비참한 기분이 되었을 것이 틀림없습니다.

하나님을 숭배하고 하나님께 충실했던 욥은 우스 땅에 살고 있었습니다. 그는 착한 남자로 작은 잘못도 저지르지 않으려고 주의하였습니다. 그에게는 일곱 명의 아들과 세 명의 딸이 있었고, 칠천 마리의 양과 오백 마리의 암 당나귀를 갖고 있었습니다. 수많은 하인이 있었으며, 동쪽 나라 제일가는 부자이기도 했습니다.

그러나 어느 날, 욥은 아이들, 하인들, 그리고 가축을 다 잃어버립니다. 그날 욥은 고개를 떨구고 땅에 몸을 던진 뒤 다음처럼 말했습니다. 그것은 지금도 많은 사람들이 자주 인용하는 말입니다.

"내가 모태에서 알몸으로 나왔사온 즉 또한 알몸이 그리고 돌아가올지라 주신 이도 여호와시오 거두신 이도 여호와시오니 여호와의 이름이 찬송을 받으실지니이다." 〈욥기 1:21〉 (I was born with nothing, and I will die with nothing. The LORD gave, and now he has taken away. May his name be praised! 〈Job 1:21 Good News Bible〉)

결말이 최고로 멋진 욥기는 많은 사람들에게, 특히 시련이 닥쳤을 때 영감을 주어 왔습니다.

시련 때 더 애독되는 욥기

2005년 2월, 텔레비전 프로그램인 「디스 위크」에서 기자가 민주당의 또 다른 대통령 후보인 존 에드워드에게 "당신은 하나님과 당신의 관계에 대해 사람들이 무엇을 알아주기를 바랍니까?"라고 물었습니다.

에드워드는 "모든 것, 전부입니다."라고 대답했습니다.

에드워드는 아들을 잃었고, 부인은 유방암을 극복하기 위해 악전고투하고 있었습니다. 기자는 욥이 시험당했던 사실을 들면서 "하나님이 당신을 시험하고 계시다고 생각하는 일이 있습니까?"라고 물었습니다.

에드워드는 대답했습니다. "그것은 몇 번 넉다운 되었느냐가 아니라 몇 번 다시 일어나 돌아와서 계속 싸우느냐 하는 것입니다."

인생의 장애나 시련과 싸우는 데에는 여러 가지 방법이 있습니다. 그러나 생애의 시련기를 맞이해서 욥이 보였던 신앙의 모범은 몇 천 년 동안 하나님을 믿는 모든 사람들을 고무하고 격려했으며, 이 인터뷰에서처럼 계속 일상적인 대화의 일부분이 되어 왔습니다.

우리는 이렇게 덧붙일 수 있을 것입니다.

정치든 매스컴이든 예술, 음악, 기타 어떤 분야에서든 이 지구상의 수많은 사람들에게 성경은 영감의 원천이며 삶의 지침의 원천이라는 사실입니다.

하나님을 신뢰하는 나라

"대부분의 미국인은 이 사건(클린턴 대통령의 불륜 스캔들)에 대해서 다른 견해를 갖고 있습니다. 그들은 1992년에 그를 선택하고 1996년에 재선시켰을 때, 순결무구한 소년성가대원을 화이트하우스에 보낸다고 생각하지는 않았습니다. 그들은 클린턴을 밝고 유능한 대통령이라고 생각했습니다. 그는 결과로 평가되었으며, 공무에 있어서는 상당히 유능하게 일해 왔던 것입니다."라고 아서 슬렌진거 Jr. 교수는 1998년 2월의 더 데일리 요미우리 신문에 기고한 '미국 대통령직의 위기'라는 제목의 기사에서 쓰고 있습니다. 그는 역대 퓰리처 상 수상자로, 존 F. 케네디 및 린든 존슨 양 대통령의 전(前)보좌관이었습니다.

소년성가대원이라는 것은 성가대, 특히 교회 성가대 일원으로 노래를 하는 소년들을 지칭합니다. 소녀성가대원도 있습니다. 소년성가대원은 보통 꼬박꼬박 교회에 다니고 하나님을 사랑하고 하나님의 규율을 잘 지키는 착한 아이라는 인상을 줍니다.

한편 프랑스의 시나리오 작가이며 영화제작자인 로즐린 보슈는 1998년 2월, 「더 로스앤젤레스 타임즈지」에 다음과 같이 쓰고 있습니다.

"미국인이 대통령에게 기대하는 것은 '성인(聖人)'입니다. 불프랑스인은 단지 '정치적 결과'만을 기대합니다. 미국인은 실제로 자기들이 원하는 것이 민주주의인데, 신권정치(theocracy)를 꿈꾸는 착각을 저지르고 있습니다. 그들은 하나님이라든가 예수라든가 성인이 '나라를 운영하기'를 꿈꿉니다."라고. 프랑스인에게는 그렇게 비춰지는 것 같지만 '하나님의 나라'의 대통령이라 해도 역시 인간인 것입니다.

미국은 '우리는 하나님을 믿는다(In God we trust)', '하나님 아래 하나 된 국가(One Nation Under God)'를 모토로 하는 나라이지 'In Bill we trust'도 아니고 'In Paula we trust'도 아니며 또한 'In Monica we trust'도 아닙니다.

1998년 2월의 「워싱턴포스트지」는 USA 투데이의 다음과 같은 기사를 인용하고 있었습니다. "정계가 거꾸로 된 것 같습니다. 대통령은 섹스 스캔들로 타격을 받고 있는데 여론조사 결과 국민은 그에게 최고의 평가를 주고 있습니다." 이 기사는 '인습에 사로잡히지 않는 지혜'라는 제목의 칼럼에 실린 것으로, 부제는 '우리는 빌을 믿는다(In Bill we trust)'로 되어 있었습니다.

1997년 11월의 「타임즈지」에는 아주 굵은 글씨로 'In Paula we trust'라는 제목의 기사가 실렸으며, '그녀는 진실을 말했다고 생각한다'라고 쓰여 있었습니다.

제2장

미국 문화와 성경

'국제화'란 마음이 서로 교통하는 것

제가 일본에서 산 지 30여 년이 지났습니다. 일본인 남편하고의 결혼 생활도 사반세기 이상이 되었습니다. 완전히 다른 문화와 습관을 가진 우리 두 사람의 생활은 국제화가 가져다주는 멋짐과 풍요로움의 증거가 될 수 있을 것입니다.

만일 지금 제가 인생을 다시 시작할 수 있다고 해도 주저 없이 똑같은 인생을 걸을 생각입니다. 그리고 우리 부부에게 이러한 인연을 주신 하나님께 감사드립니다. 또한 제 부모님은 제가 전에 페니키아라고 불리던 먼 곳으로부터 일본에 가는 것을 허락해 주셨습니다. 그분들의 관용과 사랑에 감사드립니다.

사랑에는 무한히 큰 힘이 있습니다. 완전히 다른 종교·언어·가치관을 가진 사람들이 '서로가 다르다는 사실을 이해하고, 받아들이고, 향유하도록 만들어줍니다. 사랑은 국제화를 용이하게 해줍니다. 공포나 불안, 미지의 곤란을 사라지게 해줍니다.

이것은 일상생활에도 해당됩니다. 제가 어학수업 시간에 "제일 중요한 것은 커뮤니케이션, 우애(友愛), 상대방에 대한 관심이지, 문법적인 실수나 어휘 부족은 문제가 안 됩니다."라고 말하면 학생들은 안심하고 즐겁게 영어 공부를 시작합니다. 정확하게 이야기하려고 신경쓰다 보면 마음을 열고 우정이나 사람들의 따뜻한 정을 느끼는 것이 뒷전이 됩니다. 실패를 두려워하면 그것이 오히려 상대방에 대한 무관심한 태도로 비추어질 수도 있습니다. '시험 보는 것 같은' 딱딱한 커뮤니케이션보다 사랑과 서로에 대한 배려가 중요합니다.

국제화는 가까운 곳에서부터 시작됩니다. 예를 들어, 늘 지나다니는 노인의 집 앞에서 연세 많은 분을 만나면 인사를 나누고 위로와 사랑을 표현하는 일입니다. 연세 많은 분들은 전후(戰後) 한국의 부흥과 발전에 기여하신 분들입니다. 세계를 사랑하기 위해서는 먼저 그분들에게 사랑을 기울여야 합니다. 우리들이 지금 있는 이 자리에서 지금 함께 있는 사람들부터 사랑하기 시작합시다.

그런데 이 세상에는 차별 문제 등, 부끄러운 일들이 여전히 남아 있습니다. 진정한 사랑이 무엇인지를 모르는, 품위와 분별을 결여한 사람들이 있습니다. 차별이나 인종주의는 국제화 흐름에 역행하는 것이며 무지와 자기 본위, 편협, 혐오가 드러난 것입니다. 중요한 것은 관대한 마음과 사랑의 마음으로 남을 대하는 일입니다.

사랑의 진정한 의미를 잘 생각해 봅시다. 아이들은 어른들의 언밸런스한 태도를 보고 무척 혼란스러워하고 있습니다. 외국어를 할 수 있다든가 외국 음식을 먹는다든가 외국 여행을 하는 것뿐만이 아니라, 가까운 곳에서부터 남을 배려하는 사랑에 대해서 생각할 기회를 가져야 합니다.

자기가 속한 지역에서 어른들이 이웃사람과 동네사람에게 사랑을 실천하고, 그 모습을 아이들이 직접 눈으로 볼 수 있는 기회를 갖게 하는 것이 중요합니다. 사람을 똑바로 보고, 미소 짓고, 마음을 서로 소통시킵니다. 그것은 모두를 격려시키고 그때 느끼는 기쁨은 주위로 퍼져나갑니다. 그러한 것이 국제화로 이어지는 것이라고 저는 생각합니다.

브랜드명과 성경

시애틀에서 시작되어 전 세계로 퍼진 스타벅스 커피 컵에는 '당신은 하나님에 의해, 하나님을 위해서 만들어졌다. 그 사실을 이해하지 못하는 한 당신의 삶에는 의미가 없다'라고 쓰여 있습니다. 또

알래스카 항공기를 타면, 식사 쟁반에 성경의 '시편' 성구를 쓴 컬러풀한 카드가 놓여 있습니다. 그런 것이 진짜 미국의 기독교 문화입니다. 크리스천이 아닌 많은 한국 분들은 성경에서 직접 따온 이와 같은 마음의 양식에는 주의하지 않고 식사를 하겠지요.

또 미국에는 구두에 'God bless you'(당신에게 하나님의 가호가 있기를)라고 표시한 것이 있습니다. 그 밖에도 팔레스타인의 로마령(領) 수비병이 주민에게 2마일 정도 떨어진 이웃마을까지 메시지를 전달하는 심부름을 시켰다는 일화가 연원이 된 'Extra Mile'이라는 브랜드의 신발도 있습니다. 이것은 예수님이 'Sermon on the Mount'(산상수훈)를 하셨을 때 바라셨던 것, 혹은 '명령하신 것'이라고 할 수 있을지도 모릅니다만, 그 가장 잘 알려져 있는 것과 관계되는 브랜드명입니다.

"또 너를 고발하여 속옷을 가지고자 하는 자에게 겉옷까지도 가지게 하며 또 누구든지 너로 억지로 오 리를 가게 하거든 그 사람과 십 리를 동행하고……." 〈마태복음 5:40~41〉 (And if someone takes you to court to sue you for your shirt, let him have your coat as well. And if one of the occupation troops forces you to carry his pack one mile, carry it two miles. 〈Matthew 5:40~41 Good News Bible〉)

복수에 관한 이러한 성경구절은 많은 사람들에게 일종의 황금률(golden rule=기독교인 윤리의 기본이자 원리)입니다. 그렇기 때문에 「트랙 앤 필드 뉴스」라고 하는 미국의 스포츠 잡지(2005년 4월호)에 수많은 수상선수들이 애용하는 스포츠 슈즈 광고가 게재되었는데, 스폰서인 스포츠 슈즈 회사는 회사와 브랜드에 성경에서 딴 이름을 붙이는 것이 매력 포인트가 될 수 있다고 생각했던 것입니다. 미국이나 그 밖의 성경문화국가들의 스포츠맨이나 스포츠 우먼은 'one mile, two miles', 즉 'extra miles'(여분의 마일)이라고 하는 브랜드명이 무엇을 의미하는지 알기 때문입니다.

'Extra Mile' 사진은 「트랙 앤 필드 뉴스지」의 다른 페이지에도 나와 있었습니다. 그것은 좀 더 많은 거리, 즉 'Extra Mile'을 달리게 해주는 구두 덕분에 두 사람이 기분 좋은 듯이 즐겁게 조깅하고 있는 사진이었습니다.

'눈에는 눈을, 이에는 이를'

2005년 3월, 미국인들은 콜로라도 주의 최고재판소가 성경이 신문이나 잡지와 똑같이 부적절한 (외부로부터의) 영향을 준다는 이유로 '배심원은 배심원실에 성경을 갖고 와서는 안 된다'는 규정을 만든 데 큰 충격을 받았습니다. 그렇지만 저는 개인적으로 한 배심원이 배심원실에서 성경구절을 인용했고 그 영향으로 콜로라도 주 최고재판소가 덴버 부근에서 젊은 웨이트리스를 유괴하여 죽인 로버트 하렌에게 사형을 선고했다는 사실에 더 충격을 받았습니다. 그러나 나중에 판사가 배심원이 배심원실에 성경을 갖고 와서 구약성경에 나오는 '눈에는 눈을, 이에는 이를'라고 하는 유명한 '레위기(Leviticus)'의 성경구절을 다른 배심원들 앞에서 읽었다는 것을 알게 되어 주 최고재판소는 하렌에 대한 사형 판결을 뒤집었던 것입니다.

물론 정상적인 사람이라면 누구라도 죄 없는 사람을 유괴하여 죽인 것을 비난하겠지요. 그러나 제 생각에는 그런 사람에게 구약성경의 오래된 율법에 기초하여 사형 선고를 내리도록 배심원들에게 요구하거나 영향력을 미치거나 하는 것은 잘못된 것입니다. '눈에는 눈을, 이에는 이를'이라는 규율은, 사실은 복수가 지나치게 극단적이 되지 못하도록 하라는 의미이며, 즉, 벌은 그가 입은 상해를 넘어서는 안 된다는 의미에서의 '눈에는 눈을, 이에는 이를'인 것입니다. 그러나 신약성경을 펼치면 모세의 율법(Mosaic Law)을 개혁한 예수께서 '복수의 규율[the law of retaliation(the law of talion) 혹은 jus talionis 로도 알려져 있습니다.]'로 알려져 있는 구약의 이 균형 잡힌 복수조차도 금하고 계시다는 사실을 알게 됩니다. 예수의 가르침은 악에 악으로 되갚지 않는 것이기 때문입니다.

예수가 부당하게 체포되었을 때, 예수와 함께 있었던 사람 중 하나가 검을 빼들고 대제사장의 부하의 한 쪽 귀를 잘랐습니다. "이에 예수께서 이르시되 네 칼을 도로 칼집에 꽂으라. 칼을 가지는 자는 다 칼로 망하느니라." 〈마태복음 26:52〉 ("Put your sword back in its place" Jesus said to him. "All who take the sword will die by the sword……." 〈Matthew 26:52 Good News Bible〉)라고 하셨던 것입니다.

예수가 사형을 선고받기 전 대제사장이 심문할 때 예수의 뺨을 때린 대제사장의 부하에게 예수는 '왜 나를 치느냐'라고 말씀하셨지만 되받아 치지는 않으셨습니다. 멜 깁슨이 주연한 대히트 영화 'The Passion of the Christ(패션 오브 크라이스트)'를 보신 분들은 커다란 부정(不正)과 징벌 시 예수님의 인내를 떠올리셨을 것입니다.

그렇지만 신약성경에서 가장 잘 알려져 있는 부분은 다음 절입니다.

"또 눈은 눈으로, 이는 이로 갚으라 하였다는 것을 너희가 들었으나 나는 너희에게 이르노니 악한 자를 대적하지 말라 누구든지 네 오른편 뺨을 치거든 왼편도 돌려 대며……." 〈마태복음 5:38~39〉 (You have heard that it was said, "An eye for an eye, and a tooth for a tooth." But now I tell you: do not take revenge on someone who wrongs you. If anyone slaps you on the right cheek, let him slap your left cheek too. 〈Matthew 5:38, 39 Good News Bible〉)

그 배심원은 예수가 옛 규율을 개혁하신 사실을 깜박 잊었던 것 같습니다. 유감스럽게도 그 뉴스를 전한 일본어 번역은 '레위기에서'라는 부분은 생략해 버렸습니다. 외국어나 국제 문제를 공부하거나 가르치고 있는 수많은 일본인들이 원작에 있는 서양 문화가 정확하게 번역되지 않는데, 어떻게 해외 뉴스를 보면서 내용을 음미하고 즐길 수 있겠습니까? '레위기'는 모세 삼경입니다. 그 책은 레위족의 사제가 규정한 번제(燔祭)와 기타 제사에 대한 규율을 적은 것입니다. 그래서 그것이 '레위기'라고 불리는 것입니다. 레위는 이스라엘의 족장 야곱의 12명의 아들 중 한 명입니다. 야곱은 나중에 '이스라엘'이 되었습니다.

사형 판결에서 일전하여 결국 하렌은 집행유예 없는 종신형으로 결정되었습니다.

또 하나, 이 '눈에는 눈으로'라는 성구와 관련되는 기사가 있습니다. 2006년 1월에 이스라엘의 샤론 수상이 뇌출혈에 의한 뇌졸중으로 재입원했을 때, 「뉴스위크지」는 "'하나의 눈에 두 개의 눈(Two eyes for an eye)'이 샤론의 모토였을 것이다."라는 제목의 기사를 실었습니다. 샤론 수상에게는 '불도저'라든가 '살육자' 등 많은 별명이 있었습니다. 성경의 내용을 잘 알고 있으면 이처럼 쉬운 관용구도 쉽게 익힐 수 있답니다.

하나님을 찬미하는 '할렐루야', '글로리'

지금까지 기독교 관계 CD를 35장이나 냈고, 클린턴과 부시를 포함하여 4명의 미국대통령을 위한 연주회에 초청되었던 필 드리스콜이 2005년 3월, 기독교 TV 채널에서 색소폰을 연주하게 되었습니다.

인터뷰 때 그가 한 이야기입니다. 프로듀서가 그에게 민주당의 큰 파티에서 연주해 달라고 부탁해서, 그가 "무엇을 연주할까요?" 라고 물었다고 합니다. 유대인 프로듀서는 "우리나라에 관계되는 것이라면 무엇이라도 좋습니다."라고 하면서 그에게 민주당원이냐고 물었다고 합니다. 드리스콜은 "저는 크리스천입니다."라고 대답하고 나서 "미국에 살고 있으니까 하나님과 관계되는 '하나님이여 미국에 축복을(God bless America)'으로 결정했습니다."라고 말하고 있습니다.

또 드리스콜은 '공화국의 전투찬가(Battle Hymn of the Republic)' 라는 미국 노래를 칭찬했습니다. 사실 그것은 아름다운 노래여서 9·11 테러 비극 뒤에도 불렸습니다. 그 노래는 '나의 눈은 주가 강림하시는 영광을 보았다(Mine eyes have seen the glory of the coming of the Lord)'로 시작됩니다. 그리고 후렴이 이렇게 이어집니다. '주에게 영광! 주에게 영광! 주를 찬미하라! 주에게 영광! 주에게 영광! 주를 찬미하라! 주님의 진리는 전진한다!(Glory! Glory! Hallelujah! Glory! Glory! Hallelujah! His truth is marching on.)'

드리스콜은 '할렐루야(Hallelujah)'와 '글로리(Glory)'라고 하는 두 개의 말의 힘에 대해서 말하고 있습니다. "저에게 할렐루야는 하나님에 대한 만 번의 찬미를 나타내는 단어이고, 글로리는 하나님이 현존하심을 표명하는 단어입니다."라고.

"이 두 단어보다 더 하나님을 찬미할 수 있는 말이 있겠습니까?" 그는 기쁜 듯이 말했습니다.

미국인의 삶을 바꾼 영화 '패션 오브 크라이스트'

드리스콜은 또한 멜 깁슨이 주연한 영화 '패션 오브 크라이스트(the Passion of the Christ)'를 칭찬했습니다.

그는 나아가 "이 영화가 수상식에서는 그다지 좋은 성적을 못 거두었다고 하는데 그까짓 상에 누가 신경 쓰겠습니까?"라고 했습니다. 실제로 이 영화는 극장에서는 대히트를 쳤고 아무도 예상하지 못할 만큼의 많은 돈을 벌어들였습니다. 수많은 미국인에게 영향을 주고 그 삶을 바꾸게 한 이런 영화야말로 아카데미상을 수상할 가치가 있을 텐데 수상은 없었습니다.

"얼마나 많은 사람들이 영향을 받았는가는 영원의 때가 되면 알게 될 것입니다."라고 드리스콜은 말하고, "이 영화는 복음서를 눈으로 봐서 이해할 수 있게 한 설교입니다. 우리는 복음서에 있는 설교를 실천하면 어떻게 되는지를 압니다. 그렇기 때문에 우리는 결과적으로 이러한 기적을 듣고 있는 것입니다."

이렇게 이야기한 그는 어떤 아버지의 예를 들었습니다. 그 아버지는 사고를 당하여 빈사 상태에 빠진 딸을 끌어안고 있었습니다. 그리고 'Passion of the Christ'에서 예수가 회초리로 얻어맞는 장면에 나오는 '그가 얻어맞은 상흔으로 우리들은 치유된다(with his stripes we are healed)'라는 성경구절이 떠오르자 그는 '주님 제발 제 딸을 고쳐주세요. 제발 제 딸을 고쳐주세요.(Please, please heal my daughter.)'라고 기도드렸습니다. 그 딸의 병상은 좋아졌고 구사일생을 얻었다고 합니다.

이 영화는 미국인에게 기적이 일어날 수 있다는 믿음을 갖게 해주었습니다. 우리는 신앙과 성경이 미국 여기저기에서 얼마나 많은 사람에게 멋진 기회를 주고 있는지를 압니다.

크리스마스 캔디와 예수의 수난

'예수의 수난'이란 예수께서 고난받고 부당하게 십자가에 매달려 사형에 처해진 것을 지칭하는 것인데 영화 '패션 오브 크라이스트'는 그것을 소재로 삼고 있습니다. 예수님이 십자가에 매달림으로써 인류가 죄로부터 구원을 받았기 때문에 결국 예수님은 승리하신 것입니다.

예언자 이사야의 '이사야서' 제53장 제5절에는 이렇게 쓰여 있습니다.

"그가 찔림은 우리의 허물 때문이요 그가 상함은 우리의 죄악 때문이라 그가 징계를 받으므로 우리는 평화를 누리고 그가 채찍에 맞으므로 우리는 나음을 받았도다." 〈이사야 53:5〉 (But he was wounded for our transgressions, he was bruised for our iniquities: the chastisement of our peace was upon him; and with his stripes we are healed. 〈Isaiah 53:5 King James Bible〉)

표면만으로 영화를 논하지 말고 그 밑바닥까지 꿰뚫어보지 않으면 안 됩니다. 딸이 큰 위험에 처해서 혼란해 빠진 그 아버지는 성경을 알고 있었기 때문에 응답받은 것입니다.

여러분 중에 미국에서 크리스마스를 보내신 분은 저 유명한 빨간색과 하얀색 캔디 스틱(candy cane)을 보기도 하고 먹기도 했을 겁니다. 그 캔디 스틱은 크리스마스 휴가철에 많은 사람들이 즐기는 과자입니다. 그것은 양치기의 지팡이 같은 형태를 하고 있어서 우리를 지키시고 인도하시는 목자로서의 예수를 나타냅니다. 그리고 과자에는 전체적으로 빨간 줄무늬(stripes)가 들어 있는데 그것은 예수님이 수난 기간에 흘리신 피를 떠올리게 합니다. 한편 하얀색은 예수님의 성성(聖性)과 순결함을 상기시킵니다.

또 그 캔디에서는 성경에 나오는 '히솝(우슬초, 박하)' 같은 냄새가 납니다. 히솝은 치료약으로 사용되며 우리들의 치유자로서의 예수님을 나타냅니다. 그리고 'with his stripes we are healed'(그가 채찍에 맞으므로 우리는 나음을 받았도다)라는 성경구절은 단순히 많은 사람들의 신앙심을 깊게 만들 뿐 아니라, 이 인기 있는 크리스마스 캔디처럼 미국인의 일상생활 속에 녹아들어가 있습니다.

성경을 테마로 한 영화 '패션 오브 크라이스트', '나니아 연대기'

영화 '패션 오브 크라이스트(The Passion of the Christ)'라든가 최근의 '나니아 연대기(The Chronicles of Narnia)'의 경우처럼 미국 교회가 영화 필름의 거대시장이라고 하는 사람도 있습니다. '나니아 연대기'는 크리스마스 시즌을 겨냥해서 제작되었습니다. '패션 오브 크라이스트'는 기독교의 큰 축제인 부활절에 앞선 사순절이라고 불리는 40일간의 첫날인 '재의 수요일'에 맞춰서 만들어졌지만, 이러한 축제는 한국에서는 잘 알려져 있지 않습니다. '나니아 연대기'의 원작은 옥스퍼드 대학 교수였던 C. S. 루이스가 쓴 7권의 "The Chronicles of Narnia"입니다. 그는 영국의 소설가이자 수필가이며 카리스마가 넘치는 교수입니다. 원래는 무신론자였지만 나중에는 진실한 기독교 신자가 되어 로마 교황과 프로테스탄트 복음주의자로부터 존경받았다는 사실로 잘 알려져 있습니다. 꽤 오래전부터 미국의 여러 대학은 루이스에 관한 교과가 커리큘럼에 들어있는데, 그것은 그에 대한 기독교 신자들의 관심이 크기 때문입니다.

1950년 이래 '나니아 연대기'는 전 세계에서 9,500만 부 팔렸다고 하며, 41개 국어로 번역되었습니다.

이 영화는 2005년 12월에 공개되었지만 그에 앞서 미국 전역과 미국 밖에서 매스컴이 크게 다루었습니다.

『U. S. 뉴스 앤 월드 리포트지』의 2005년 11월 17일자 표지 제목은 다음과 같습니다.

'하나님에 대한 이야기꾼. 진짜 C.S. 루이스. 『나니아 연대기』 뒤의 사나이'(God's Storyteller. The real C. S. Lewis: The man behind the Chronicles of Narnia)

또 2005년 12월의 영국 신문 「더 타임스지」의 기사 제목은 '이 영화를 통해 하나님께서 말씀하신다.(God will speak through this film)'라고 되어 있습니다. 기사는 미국의 크리스천들이 이 '대속(代贖)의 이야기'를 어떻게 보고 있는가에 대해서 쓰고 있었습니다. '대속'이라는 것은 신학용어로 '예수의 속죄(贖罪)에 의해 인간이 죄와 그 결과로부터 구제되다'라는 의미입니다.

미국의 크리스천들은 지역 주민들하고 영적 대화를 나누기 위해 강연회를 열고, 지역 아이들을 위해서 기도하며 정절(貞節)과 용서를 위한 기도회를 주최합니다. 그리고 '나니아 연대기'를 보기 위해서 표를 샀던 것입니다.

어떤 신도는 '길거리에서 전도하는 열성적인 자원봉사자들인 나니아국 대사가 되라고 아이들을 장려한다'고 하고 있었습니다. 다른 사람은 '이는 젊은 사람들을 동원해서 나니아에 도움을 주게 만드는 왕도(王道)이다'라고도 했습니다.

이 일억 오천 달러짜리 영화 제작에는 디즈니사와 교육적 관심이 높고 강력한 영적 메시지 창출을 지향하는 경건한 크리스천이 주인인 월든 미디어사가 참여했습니다.

'나니아 연대기'는 공개된 첫 주에 6,700만 달러를 벌어들이며 전미흥행 매상 톱에 올랐습니다. 「더 타임스지」에는 다음과 같은 제목이 춤추었습니다. 'Narnia tops US box office with $67million.'

예수의 가르침의 소중함을 이야기하는 머라이어 캐리

세계적으로 유명한 가수 머라이어 캐리는 2005년 11월 미국 음악상 수상식에서 상을 받으면서 다음과 같이 말했습니다.

"하나님 감사합니다. 제가 여기에 있는 단 하나의 이유는 하나님의 은총이 있었기 때문입니다. 그리고 여러분이 하나님을 믿는다면 기도할 때 부탁드리는 일은 다 이루어집니다."

그녀 다음의 수상자인 컨트리송 가수인 그레첸 윌슨도 하나님께 감사드리며 이렇게 말했습니다. "저는 참으로 혜택받고 있다고 생각합니다. 여러분이 아시다시피 머라이어는 그 누구보다도 잘 표현했습니다. 우리 모두 하나님께 감사드리고 있습니다. 이 일을 가능하게 해주신 분은 하나님이시니까요."

여기에는 기독교적인 그리고 성경적인 가치관의 일치가 보입니다. 저는 전에 모나코에서 거행된 국제음악상 수상식에서 발표된 다양한 수상소감 양식에 대해서 학생들하고 토론했습니다. 일본인 가수도 수상소감을 말했기 때문입니다.

유럽이나 미국의 수상자들은 음악상의 스승이나 지도자, 스폰서, 팬에게뿐 아니라 하나님과 가족에게도 감사한다고 말했지만, 일본인 가수는 하나님이나 저 높은 곳에 계시는 분의 은총이라든가 가족 덕분이라든가 하는 이야기는 입에 담지 않았습니다.

'Destiny's Child(「운명의 아이」란 뜻)'도 하늘을 우러러보면서 "예수님 감사합니다. 하늘에 계신 아버님께 감사드립니다. 예수님, 이렇게 오랜 기간 흥행할 수 있도록 허락해 주셔서 감사합니다."라고 말했습니다.

그녀들은 또한 가수로 활동하고 있는 자매들에게도 뜨거운 애정을 표명한 뒤, 팬들에게도 똑같이 "우리는 여러분을 사랑해요. 우리는 여러분을 사랑합니다. 저희는 여러분을 사랑하고 있습니다."라고 아주 따뜻하게 정열을 담아 되풀이 말했고, 마지막으로 "감사합니다, 하나님의 축복이 여러분과 함께 하도록. 하나님의 축복이 여러분과 함께 하도록."이라고 말했습니다.

Contemporary inspiration음악 부분에서 수상한(메리 메리 그룹)의 대표 메리는 다음과 같이 말하고 있습니다.

"하나님과 모든 팬 여러분께 감사드리고 싶습니다. 예수님 감사합니다. 예수님 감사합니다. 이것은 무척 놀라운 일입니다. 저희는 '하나님 감사합니다'라고 말하는 것 외에 정말이지 뭐라고 해야 좋을지 알 수가 없습니다. 저희는 전 세계 사람들에게 inspiration을 줄 수가 있어서 정말이지 축복받고 있습니다. 여러분에게 하나님의 은총이 함께하시기를 기원합니다."

현대의 inspiration 음악은 세계에서 가장 급성장하고 있는 분야 중 하나입니다. 메리는 유머를 담아 청중에게 "여러분, 일요일에는 교회에 나가세요."라고 말했습니다.

교회는 정말이지 inspiration의 장소이며 하나님께 감사드리는 곳입니다. 감사한다는 것은 전향적인 태도이며 아무리 곤란하고 스트레스가 많은 상황에서도 하나님께 대한 신뢰를 증폭시킵니다.

"구하라 그리하면 너희에게 주실 것이요 찾으라 그리하면 찾아낼 것이요 문을 두드리라 그리하면 너희에게 열릴 것이니." 〈마태복음 7:7〉 (Ask, and you will received; seek and you will find; knock, and the door will be opened to you. 〈Matthew 7:7 Good News Bible〉)

머라이어 캐리와 수상한 모든 가수들은 예수님의 가르침을 암기하고 있었고, 모든 청중에게 그 가르침의 소중함을 상기시켰습니다.

무신론자인 것은 터부

심리학 전문지 『사이콜로지 투데이』는 1998년 1, 2월 호에서 터부를 다루면서 '오늘날 자기가 무신론자라고 공언하면서 대통령이 되려는 사람은 없겠지요.'라고 쓰고 있습니다. 그 기사를 쓴 기자는 또 '미국에서는 대부분의 경우, 무신론자인 것은 지금도 여전히 터부입니다.'라고 쓰고 있습니다.

"영혼에 대한 가장 엄격한 터부는 우리들의 가장 친밀한 관계에 염증을 일으키게 하는 터부, 관계자만이 아는 터부, 가장 친한 사람과 함께 있어도 고독을 느끼게 하는 그런 터부입니다. 결혼의 심각한 고통 중 하나는, 친밀해지면 친밀해질수록 어떤 종류의 침묵이 가끔 좀 더 필요해진다는 것으로, 그것은 형제자매, 부모와 자식, 친한 친구들조차 괴롭히는 것이기도 합니다."라고도 쓰고 있습니다.

지금까지 우리는 'God'(하나님)이라는 단어가 일상생활 속에서 어떤 때 어떻게 사용되고 있는지 봐왔습니다. 일례로 일상생활에서 자주 쓰는 '안녕'이라는 말은 여러 나라에서 어떻게 표현하고 있는지, 각국의 표현을 봐 봅시다. 아시다시피 영어의 '하나님'은 'God'이지만, '안녕'의 'Good-bye'는 원래는 'God be with you'(하나님이 함께 하시도록)이었습니다. 그것이 간략화된 표현인 good-bye인 것입니다.

불어의 'adieu'(안녕)에서 하나님은 'Dieu'입니다. (그러나 일상적으로는 'au revoir'를 많이 씁니다.) 스페인어의 'Adiós' 혹은, 'Vaya con Dios'에서, 하나님은 'Dios'입니다. 스페인어와 비슷한 이태리어의 안녕, 'Addio'에서 'Dio'는 하나님입니다. 포르투갈어로는 안녕은 'Adeus'가 되어, 하나님은 'Deus'가 됩니다.

아라비아어에도 신에 대한 국제적인 표현인 'Inshalla'(만일 신이 원하신다면)처럼 'Alla'라는 표현이 있습니다. 그리스어로 신은 'Theos'입니다. 그리스어의 'a'는 'not'이니까 'atheist'는 '하나님의 존재를 믿지 않는 사람'이라는 의미가 되며 '무신론자임을 공언하는 사람'입니다. 일본의 많은 대학에서 신학 'theology'를 배울 수 있습니다. 'Theo'는 신이고 'logos'는 'discourse'[강화(講話)]라는 뜻입니다.

미국에는 하나님이 계시며 많은 대통령들의 연설에는 하나님과 성경에 대한 언급이 있습니다. 구미문화에 관심을 갖고 있는 일본의 어떤 큰 도시의 시장이 제 책을 읽고 나서 "미국의 대통령이나 정치가의 연설문은 누가 씁니까?"라고 물어왔습니다. 그가 극히 진지하고 큰 관심을 갖고 질문했기 때문에 저는 그를 끌어안고 싶었습니다. 『사이콜로지 투데이』의 기자처럼 "무신론자임을 공언하는 사람은 아무도 대통령이 되려고 하지 않을 겁니다."라고 대답할 수도 있었습니다. 그렇지만 저는 "우리는 어릴 때부터 성경에 대한 지식을 얻고, 대통령이든 홈리스든, 어린 아이든 노인이든 그것을 쉽게 다른 사람에게 전달할 수 있습니다."라고 설명했습니다.

2005년 1월 ABC방송의 뉴스 프로그램 나이트라인은 '신앙 문제'라는 타이틀로 사기와 탈세, 공동모의 용의를 인정한 로비스트(특정 단체 이익을 위해서 의회에 운동하는 원외 운동 단체의 운동원)인 쟈크 에이브라모프가 종교를 법정에 끌어들였다고 보도했습니다.

"에이브라모프는 전에 선서하고도 거짓증언을 한 행동에 대해 '나는 하나님으로부터 용서받을 만하다'라고 말했습니다. 그것은 마치 「속죄의 날」의 기도 같았습니다."라는 보도로 유대교의 가장 신성한 축제인 '속죄의 날'에 대해서 언급했습니다. 유대인들은 속죄일에는 음주를 끊고 죄를 속죄받기 위해서 기도합니다.

에이브라모프는 그 이름에서 알 수 있듯이 유대인입니다. 그는 월드 콤의 최고책임자 버나드 에버스 등 다른 많은 유명 인사들과 함께 법률적 절차에 주님(하나님)을 끌어들였다고 비난 받았습니다. 나이트라인 기자는 뉴스 끝에 '십계명'이 새겨져 있는 두 개의 명판을 보여주었습니다. 왜일까요? 그것은 십계명'과 이 사기 스캔들의 모든 것, 그리고 선서 하에 위증한 일을 연결시키기 위해서였습니다.

"너는 네 하나님 여호와의 이름을 함부로 부르지 말라 여호와는 그의 이름을 함부로 부르는 자를 죄 없다 하지 아니하리라." 〈출애굽기 20:7〉 (Thou shalt not take the name of the LORD thy God in vain: for the LORD will not hold him guiltless that taketh his name in vain. 〈Exodus 20:7 King James Bible〉)

이 스캔들이 터지자 공화당의 원로 의원들은 에이브라모프와 멀어지기 위해서 그가 낸 선거 헌금 중 몇 천 달러를 급히 반납했다고 「더 뉴욕 타임즈지」는 보도하였습니다.

하나님을 섬길 것인가, 돈을 섬길 것인가

부시 대통령도 2004년의 재선 운동 때, 에이브라모프와 그의 부인한테서 받은 6,000달러를 「미국심장협회」에 기부할 것이라고 보도되었지만 이 일련의 사태는 예수께서 인간의 행복을 위해서 간결하게 지적하신 다음과 같은 말씀을 우리에게 상기시킵니다.

"한 사람이 두 주인을 섬기지 못할 것이니 혹 한쪽을 미워하고 다른 쪽을 사랑하거나 혹 한쪽을 중히 여기고 다른 쪽을 업신여김이라 너희가 하나님과 재물을 겸하여 섬기지 못하느니라." 〈마태복음 6:24〉
(No man can serve two masters: for either he will hate the one, and love the other: or else he will hold to the one, and despise the other. Ye cannot serve God and mammon. 〈Matthew 6:24 King James Bible〉)

이야기를 현대로 되돌리면 그때까지 지인들과 함께 교회에 태연하게 다니던 월드콤의 버나드 에버스는 판결이 난 후 지인들에게 "나는 당신들이 더 이상 사기꾼과 교회에 갈 일이 없을 거라는 사실을 알아주기 바란다."고 고백했습니다.

미국 기업 역사상 최대의 재판이 된 엔론 부정사건이나 일본의 라이브도어 사건은 바로 진정한 행복을 구하라고 설교하신 예수님의 가르침이 옳았음을 증명하고 있습니다.

그 기자는 신앙에 기초한 변호론의 정의를 설명하면서, 대단히 무거운 죄로 고발되었을 때 사람은 "그가 누군가 알 만한 사람(you know who)과 맺어져 있다는 사실을 배심원과 세상 사람들에게 과시하려고 합니다."라고 하고 있습니다. '하나님으로부터 용서받을 만하다'는 말을 할 때, 에이브라모프는 위를 우러러 보아 미국과 전 세계의 시청자에게 그것이 하나님이라는 사실을 알렸습니다. 기자는 "이보다 더 훌륭한 증인이 있겠습니까? 하나님은 용서해 주셨다고 생각되며 하나님이 인간의 재판정 방청석에 메뚜기 떼를 보내는 일 따위는 있을 것 같지 않습니다."라고 덧붙였습니다.

말할 것도 없이 그는 하나님이 이집트 왕에게 가한 열 개의 재앙에 대해 언급하고 있는 것입니다. 그 재앙은 이집트 왕이 노예였던 유대인들을 해방시키기를 거부했기 때문에 하나님이 내리신 것이었습니다.('출애굽기' 제10장)

이처럼 구미의 기자들은 성경 안의 여러 가지 에피소드를 이용해서 흥미진진한 장면을 보여줍니다. 그렇게 때문에 독자 여러분도 꼭 성경 내용을 마스터하셔서 즐겨주시기를 바라는 것입니다.

대학의 모든 외국어 학부와 어학원, 번역 과정이 있는 학교 커리큘럼에 성경과 기독교 문화에 대한 재미있고도 도움이 되는 상식을 가르치는 코스를 집어넣도록 권유 드립니다.

유머러스한 결론이지만, ABC 나이트라인의 기자는 재치 있게 "하나님을 박해자(버너드 에버스나 에이브라모프를 지칭)의 증인이라고 부를 수 없는 것이 난처합니다."라고 말했습니다.

하나님께 감사하는 난치병 소년

"그들이 다시는 주리지도 아니하며 목마르지도 아니하고… 하나님께서 그들의 눈에서 모든 눈물을 씻어 주실 것임이라." 〈요한계시록 7:16〉 (Never again will they hunger or thirst… And God will wipe away every tear from their eyes. 〈Revelation 7:16-17 Good News Bible〉)'

이것은 성경의 마지막 서(書)인 '요한계시록'에 있는 말로 괴로움 많은 '지구상의 인간'에게 살아갈 힘을 주는, 위로 넘치는 말씀입니다.

1990년에 태어난 마티 J. T. 스테파넥 소년은 미국 전역에 이름이 알려져 있습니다. 그는 세포내계립체자율신경장애근질환(細胞內系粒體自律神經障碍筋疾患)이라고 하는 희귀병에 걸려있었습니다. 그것은 근이영양증(Muscle dystrophy)의 일종으로 치료 방법은 아직 발견되지 않았습니다. 어머니도 같은 병에 걸려 있었고, 그의 형 두 명과 누나도 같은 병으로 죽었습니다. 유전병이지만 어머니는 그 사실을 몰랐습니다. 그녀는 병을 앓으면서 휠체어를 타고 아이들을 간호하고 키웠던 것입니다. 마티는 세 살이 지났을 때부터 어머니를 흉내내서 퍼스널컴퓨터로 시를 쓰기 시작하였습니다. 근이영양증협회가 매년 주최하는 캠프에도 참가했고 아이들이 자기 꿈을 써서 풍선을 날려 보내는 행사에도 참가하여 세 개의 꿈을 썼습니다. 여섯 살 때의 일입니다. 그 꿈은 '첫째, 시집을 출판하는 일', '둘째,

텔레비전에 나가서 내 시집을 낭독하는 일', '셋째, 카터 전 대통령을 만나는 일'이었습니다. 형들의 죽음을 보고 사람을 죽이는 전쟁이 싫어진 마티는 이집트와 이스라엘의 화평을 실현시킨 카터 전 대통령을 존경하고 있었습니다. 무명의 마티에게 이 세 가지 꿈은 하나같이 터무니없는 꿈이었습니다.

그런데 그 꿈 이야기를 들은 담당의사가 감동하여 출판사와 카터 전 대통령 사무실에 연락을 했습니다. 작은 출판사였지만 맡아주겠다는 곳이 있어서 2006년 여름에 "Journey Through Heartsongs"라는 시집이 나왔습니다. 그 시집은 미국 전역의 매스컴의 주목을 받고 대히트하였습니다. 그러고 나서 마티는 기적적으로 건강이 좋아져서 유명한 래리 킹 라이브와 텔레비전 쇼의 여왕이라고 불리는 오프라 윈프리 프로그램에도 출연하게 되었습니다. 2001년 11월의 그 프로그램에는 카터 전 대통령도 출연했기 때문에 그의 세 가지 꿈은 드디어 실현되었던 것입니다.

'하나님과 천사들이 곁에 있다'

래리 킹이 그의 프로그램에서 "죽는 것이 무섭나?"고 물었을 때, 마티는 "무섭지만, 나는 더 좋은 곳이 있다는 것을 알고 있어요."라고 대답했습니다. "죽고 나서 갈 곳이 있단 말이지?"라고 래리 킹이 계속 묻자. "예, 지금 우리가 있는 곳보다 훨씬 더 크고 훨씬 더 좋은 곳이에요."라고 이야기했습니다. 그리고 의사와 간호사들을 같이 놀아주고, 감정적으로도 영적으로도 배려해 주고 같이 기도해 주는, 정말 멋진 분들이라고 말했습니다.

어떤 시청자가 "무엇이 너를 그렇게 밝게 행동하게 하지?"라고 묻자 그는 "그것은 친구, 가족, 특히 우리 어머니, 그리고 모두의 포옹입니다."라고 말하고 이렇게 덧붙였습니다. "아마 제일 큰 것은 하나님이겠지요. 하나님과 천사들이 내 곁에 없었더라면 나는 1분도, 정말이지 단 1분도 이 지구상에 살아있지 못할 것입니다."

그는 나아가 "하나님과 우리 엄마가 어떻게든 살리려고 정성을 다하니까 나는 정말 복이 많아요."라고 말했습니다.

그는 그의 시에서, 무기에는 여러 가지가 있으며, 말도 사람을 다치게 하기도 하고 전쟁을 일으키기도 하는 무기 중 하나이지만, 동시에 '말은 치유하고 위로할 수도 있다'라고 썼습니다.

2004년 6월 22일, 마티는 13살로 죽었습니다. 그는 전 세계 사람들에게 하나님에 대한 감사와 영적인 삶의 방식이 어떤 것인지를 가르쳤습니다.

하나님을 신뢰하는 사람들

“나의 신앙. 하나님을 믿는 내 마음. 사람들을 통해서 만난 하나님. 그리고 나는 어머니뿐 아니라 성모 마리아께서도 나를 지켜보고 계신다고 믿습니다.”

이것은 유명한 여배우이자 가수인 라이자 미넬리가 그녀가 겪은 많은 시련에도 불구하고 젊고 행복해 보이는 ‘비결’을 가르쳐 달라고 한 질문에 대답한 말입니다. 사람에게 신앙이 중요하다는 사실을 그와 같이 공적인 장소에서 인정한 것은 유명하든 유명하지 않든 내면의 마음이 어떻다는 것을 보여주는 하나의 예입니다.

“당신의 용기는 어디에서 나오는 거예요?”라고, 기자가 두 딸을 갱들한테 사살당한 어머니에게 물었습니다. 짧고 간단한 대답은 ‘주님(The Lord)’이었습니다. 그 대답은 그 단어의 힘으로 전 세계 사람들의 마음속까지 채워줄 수 있는 것이었습니다.

2002년에 일어난 저격 사건의 희생자의 남동생인 밥 메이야는 인터뷰에서 “가족 분들은 어떻게 지내세요?”라고 질문 받았을 때, 이렇게 대답했습니다. “그런 일이 없었더라면 훨씬 좋았겠죠. 그렇지만 한편으로 우리는 그 사태에 감연히 맞서지 않으면 안 되었습니다. 우리는 하나님을 의심하기보다는 하나님을 믿음으로써 사태에 직면하고자 했습니다. 그리고 그렇게 함으로써 구원받고 있습니다.”

인종차별을 한 주지사를 용서한 흑인 교사

"이번 묵상의 주제는 '용서의 수수께끼'입니다. 우리가 사용할 텍스트는 현재 혹은 장래의 연속 홈드라마가 아니고 과거에서 따온 항목인 조지 칼리 월러스의 케이스입니다."

1998년 9월, 「타임지 기사」는 이렇게 시작하고 있습니다.

조지 칼리 월러스는 앨라배마 주의 유명한 지사였는데, 1963년 1월의 취임 연설에서 다음처럼 말한 사람입니다.

'지금 인종차별, 내일 인종차별, 영원히 인종차별'(Segregation now, segregation tomorrow, segregation forever)

그 얼마나 완악하고 비뚤어진 말일까요? 정말이지 너무나 완악합니다. 그러나 그는 사람들의 기도를 받아들였고, 하나님은 월러스의 마음을 누그러뜨리셨습니다. 1972년 선거 운동 도중 그는 척추부위를 저격당했습니다. 그 뒤 어쩔 수 없이 휠체어 생활을 하게 된 월러스는 인간성이 원숙해졌다고 합니다.

1982년의 그의 마지막 선거운동 시, 어떤 흑인 여교사가 지역의 흑인 선거민에게 전화해서 월러스에게 투표하라고 말했습니다.

"조지 월러스를 위해서 일하다니, 도대체 너 무얼 하고 있는 거야?"라는 말을 들은 그녀는 "인종차별? 아아, 그거. 그가 잘못했지만, 그렇지만 우리도 전부 그렇지 않나요?"라고 대답했다고 합니다.

시각장애에서 해방시켜 주신 '놀라운 은총'

"놀라운 은총, 분명히. — 전에는 눈이 멀었었지만, 지금은 볼 수 있게 된 것이, 카터 부인과 월러스 지사, 그 중 정확하게는 어느 쪽일까요?(Amazing grace, surely — but which of them was it exactly, Mrs. Carter or Governor Wallace, who had been blind and now could see?)"라고 타임지는 썼습니다.

'어메이징 그레이스'는 200년 전에 존 뉴튼이라는 사람이 갑자기 불어 닥친 폭풍 때에 하나님께 구원을 구하면서 쓴 노래로 알려져 있습니다. 뉴튼은 죄 많은 생애를 보냈으며 배로 운반한 노예를 매매하는 장사를 하고 있었지만, 하나님은 거기에서 그를 구원해 주셨습니다. 하나님은 그의 마음을 깨끗이 씻어주시고 하나님을 두려워하는 자로 바꾸셨습니다. 그리고 뉴튼은 지금도 여전히 많이 불리는 유명한 이 노래를 썼던 것입니다.

'놀라운 은총. 나같이 형편없는 자를 구원해 주신 감미로운 울림. 나는 전에 길을 잃었었다, 그러나 지금 나는 발견되었다. 나는 눈이 멀었었다, 그러나 지금은 본다.'(Amazing grace, how sweet the sound that saved a wretch like me. I once was lost but now I'm found. Was blind but now I see.)

이것이 '눈이 멀었었지만 지금은 볼 수 있게 된 것이 어느 쪽일까요?'라고 타임지가 쓴 이유입니다. 마지막은 이렇게 맺어져 있습니다.

"알라바마의 흑인 교사는 단지 잘 속는 사람이었을까? 용서의 진실은 그 이익-감미로운 치유-가 용서받은 사람보다, 용서하는 사람으로 인해 생길지도 모른다는 점에 있다. 만일 흑인들이 조지 월러스를 용서할 마음이 된다면, 그가 휠체어에서 겪고 있는 고통이 작은 것은 아니지만, 그러나 용서 가운데서 진정한 해방을 느낀 순간이 아니었을까요?"

월러스는 1998년에 죽었습니다.

마음과 영혼에서 나오는 말 '주기도문', '천사축도'

"저는 주기도문과 천사축도(天使祝禱)를 기도드리기 시작했습니다. 저는 죽었다고 생각한 것입니다. 무슨 일이 일어났는지 알 수 없었습니다."(I started saying the "Our Father" and the "Hail Mary." I thought I was dead.)라고 1994년에 일어난 미국 지하철 저격사건의 피해자인 미국인 기술자가 말했습니다.

그런데 번역가는 앞부분을 번역하지 않았습니다. 아마도 그녀는 'Our Father'와 'Hail Mary'가 무엇인지 의미를 몰랐겠지요. 그 번역은 '죽었다고 생각했다. 무슨 일이 일어났는지 알 수 없었다'라고만 되어 있습니다.

참고로 'Hail Mary'의 기도문은 다음과 같습니다.

"Hail Mary, full of grace, the Lord is with thee; blessed art thou amongst women, and blessed is the fruit if thy womb, Jesus. Holy Mary, Mother of God, pray for us sinners now and at the hour of our death, Amen."

통역한 사람은 구미 사람들의 말을 일본어로 통역하고 있는 것이니까, 죽음을 맞이했을 때 그들에게 기도가 얼마나 중요한지 인식하고 있어야 합니다. 죽음을 앞에 둔 그 기술자에게 기도가 중요하지 않았다고 생각했다면, 구미사람에 대한 이해가 부족한 것입니다. 영어를 이해하는 데에는 문법이나 단어만이 필요한 것이 아닙니다. 필요한 것은 마음과 영혼(the heart and the soul)에서부터 나오는 말의 의미입니다. 통역가가 'Our Father', '주기도문'이라든가, 'Hail Mary'(천사축도)라는 단어를 생략해도 된다고 생각한 것이라면, 잘못된 것입니다. 만일 의미를 몰랐다면 기도가 서양에서는 일상적 삶의 일부분이니까 지금이라도 꼭 알아두어야 할 것입니다.

'Amen'도 똑같이 기도의 말입니다. 우리는 모든 기도 뒤에 '이 기도를 들어 주세요'라고 하나님께 소망하며 "Amen!"이라고 합니다. 히브리어로 아멘은 '그렇게 되도록'이라는 뜻입니다. 학교에서 선생이 생도들에게 뭔가 상식적인 것에 대해 이야기하고 나서 학생들이 동의하는지 확인하고 싶을 때에 "Can I have an amen?"(아멘이라고 해 줄래? 동의하는 거냐?)라고 말합니다.

덧붙이자면 그 기술자는 가톨릭 신자였습니다. 'Hail Mary' (='Ave Maria', 아베 마리아, 마리아에 대한 천사축도)라는 기도를 했기 때문입니다. 아메리칸 풋볼에서는 시합 종료 직전에 운을 하늘에 맡기고 던지는 엔드 존에의 패스를 'Hail Mary Pass'(헤일 매리 패스)라고 합니다. 스캔들이 발각되었던 클린턴 전 대통령의 곤란한 처지에 대해서 『U. S. 뉴스 앤 월드 리포트지』는 당시, '화이트 하우스에 헤일 매리 패스가 없으면, 이 사건은 아마도 상원으로 보내질 것이다'라고 코멘트했습니다.

어떤 유명한 미국의 수녀(시스터)가 수녀가 되기 전에 기르던 앵무새에게 헤일 매리 기도를 가르쳤다고 합니다. 앵무새가 그 기도를 할 수 있다면 누구라도 할 수 있을 것이고, 아베 마리아라는 노래의 내용을 이해할 수 있을 것입니다. 영화 '얼라이브(Alive)'의 마지막 장면에 나오는 아베 마리아 노래를 들으시기 바랍니다.

"제발 텔레비전 등의 인터뷰에서 이처럼 중요한 부분을 놓치지 말아주세요. 당신을 사랑하는 누군가가 당신이 모르는 말로 '저는 당신을 사랑합니다'라고 했다고 상상해 보세요. 무슨 말을 하고 있는지 알고 싶지 않겠어요? 그 의미를 알고 모르고가 크게 다르다는 데에는 여러분도 동의하시지요?"

용서는 호사스러운 승리

전 대통령 부인이자 현 상원의원인 힐러리 클린턴은 인생의 고난과 남편의 스캔들로 인해 겪어야 했던 시련에 대해 이야기하면서 일상적인 삶의 습관 중 하나인 '기도'에 대해 이렇게 말했습니다. "그것은 다목적이라 할 종류의 경험입니다. 전신이 상쾌해지는 휴식의 시간입니다." 클린턴 가문(家)의 사람들도, 전 세계의 수많은 크리스천들도 영적 조언자(spiritual advisors)를 갖고 있으며 정기적으로 만나고 이야기를 나눌 수가 있습니다.

"클린턴과 영적 조언자의 사적인 정오의 만남을 그의 보좌관들은 「진정한 회개의 시간」이라고 부릅니다."라고 CNN 리포터는 클린턴이 자기 죄를 자백했을 때, 말했습니다.

당시 양식이 있는 사람이라면 누구라도 클린턴이 한 짓, 그리고 많은 남자와 여자가 가정을 파탄시킬 때 저지르는 일을 증오했을 것입니다. 가정의 파탄은 정말이지 많은 사람들의 마음을 파괴하는 비극입니다.

그러나 화내는 대신 억지로라도 용서하고, 인간의 도덕적 파탄을 이해하고 그 치유를 바랄 때, 그것은 평범한 보통사람은 맛볼 수 없는 사치스러운 승리가 되는 것입니다.

회개는 멋진 재생을 가져다줍니다. 윈스턴 처칠 시대부터 60년이 지난 2004년 3월, 영국의 블레어 수상이 리비아 대통령을 방문했을

힐러리 클린턴(우)과 오프라 윈프리(좌).
(2005년 11월 21일 제33회 에이미상 시상식)

때, BBC의 정치해설가 안드류 마아는 "일부의 영국 사람들은 화가 나고 실망했겠지만, 블레어는 'good terrorists, the penitent ones'(선량한 테러리스트 중에는 회개한 자가 있다)라고 생각한다."고 했습니다.

이처럼 기도하고 매일 매일 하나님과 커뮤니케이션(마음의 교류)하여 마음을 새롭게 하는 사람들은 일반적으로 사회에 혼란을 일으키는 사람이 아니라는 사실을 알 수 있습니다. 그러나 물론 그것은 하나님과의 관계의 깊이에 따라 다릅니다. 기도를 하면서도 여전히 유혹에 약한 사람도 있겠지요. 크리스천이 아닌 사람이 '그렇지만, 그렇다면 왜 기독교 신자끼리 전쟁을 하는 거야? 왜 크리스천이 이런 짓도 하고 저런 짓도 하는 거야?'라고 이야기 하는 것을 들을 때가 있습니다. 남녀를 불문하고 전혀 결점이 없는 완전한 인간을 상정해 넣고 남의 결함을 들추어내려고 하면 이런 질문이 나올 수도 있겠지요. 그렇게 되면 위선이 끼어들게 되어 그 장이 복잡하게 되고 진실을 이해하기보다는 혼란을 가중시키게 된답니다.

힐러리 클린턴의 성장

용서하는 것의 소중함으로 이야기를 되돌립시다. 의식적이든 무의식적이든 사람을 부도덕하게 만드는 것은 대체 무엇일까요? 부도덕에는 여러 형태가 있습니다. 용서할 수 없다는 것은 약함의 표시이고 완고함의 표시입니다. 그것은 온갖 종류의 악의 시작입니다. 악마는 미덕과 휴머니즘으로의 문을 닫아버리기 때문입니다.

캘리포니아 주 샌프란시스코 시에 가본 사람이 있을 것입니다. 샌프란시스코는 아시시의 성(聖) 프란시스코의 이름을 딴 도시입니다. 그의 신봉자인 프란시스코 회원은 일본과 한국에도 있습니다. 일본과 연관되는 것은 폴란드인 프란시스코 회원인 위대한 막시밀리엄 코르베입니다. 그는 나가사키(長崎)에 있는 「성모의 기사사(騎士社)」에서 산 적이 있습니다. 아우슈비츠에 수감되었을 때, 그는 '나한테는 가족이 있으니까 죽고 싶지 않다'고 울면서 호소하는 폴란드 사람을 위해 자기 목숨을 바쳤습니다. 막시밀리엄 코르베는 그를 대신해서 죽겠다고 자청했던 것입니다.

성 프란시스코는 위대한 이탈리아의 성인이지만 어머니가 프랑스 사람이었기 때문에 프랑스 사람(프란체스코)이라는 의미의 이름이 붙여졌습니다. 이 성자의 전기를 읽으면 그가 자주 악마하고 싸웠던 것을 알 수 있습니다. 이는 성자나 위대한 사람이 되려면 나쁜 일을 하거나, 태만의 죄를 범하게 하는 악마의 유혹과 싸우지 않으면 안 된다는 사실을 가르칩니다.

인생에서 빠지기 쉬운 유혹 가운데 하나는 돌처럼 모진 마음으로 양심을 잘라버리는 일입니다. 그렇게 하는 것이 육(肉)의 마음과 용서하는 마음을 갖기보다 쉽기 때문입니다. 그러니까 남을 용서하지 못하는 사람은 누구에게나 온갖 종류의 사랑 없는 태도를 취하게 됩니다. 그런 사람의 마음은 완강하고, 돌처럼 딱딱하며 독선적입니다. 그런 사람들은 일 년 내내 스모를 관람하는 것과 같을지도 모릅니다. 스모 관람은 즐기지만, 자기 자신은 절대로 그 최대의 적과 격투하지 않습니다.

전에 저는 조치 대학(上智大學)의 외국인 사제와 이야기를 한 적이 있는데, 그는 늘 악마한테 돌을 던지고 있다고 말했습니다. 악마란 시기, 욕심, 아집 등 인간의 정욕이기도 합니다. 우리는 자기한테는 엄격하고 남한테는 너그러워야 합니다. 이러한 신부의 이야기를 들으면 위대함을 추구한다는 것이 어떤 것이며, 그리고 그런 위대함이 사람을 좀 더 큰 악과 손해로부터 구원해 준다는 사실을 알 수 있습니다.

힐러리는 남편을 용서함으로써 무엇을 잃었을까요? 사람들은 프라이드(자존심)를 잃었다고 할지도 모릅니다. 그러나 우리는 무엇인가를 얻기 위해서는 무엇인가를 잃지 않으면 안 됩니다. 물 컵이 프라이드로 가득 차 있으면 용서를 담을 공간이 없습니다. 힐러리는 남편이자 아이의 아버지를 사랑하고 용서함으로써 결과적으로는 많은 것을 얻었던 것입니다.

인간은 완전하지 않습니다. 보통 사람은 성인처럼 악마하고 싸우고 돌을 던질 수는 없습니다. 그렇기 때문에 누군가가 괴롭힘을 당하고 고통스러워하고 있는 것입니다. 그러나 용서하지 않으면 더 괴롭고 '개운한' 마음이 될 수 없겠지요.

"기도는 단순히 정신적일 뿐 아니라, 신체적, 감정적 그리고 영적인 것입니다."라고 힐러리 클린턴은 거듭 말했습니다. 그 말이나 말투가 불륜을 저지른 도지사나 정치가, 총리의 일본인 아내들과는 달랐을지도 모릅니다. 힐러리의 자세는 많은 사람들로 하여금 비극을 성장의 기회로 바꾸게 만들었습니다. 즉 용서할 수 있다는 것은 성장이며 원숙이고, 그리고 크리스천에게는 의무인 것입니다. 정신과의사인 할로웰이 현명하게도 명백하게 정의했듯이 그것은 차를 탔을 때 시트벨트를 하는 것처럼 건강에 유익합니다.

예수는 제자들에게 7의 70배, 즉 무한정 용서하라고 명령하셨습니다. 인간이 이 지구상에서 그리고 내세에서도 행복하기를 바라지 않으셨다면 그렇게 명령하지는 않으셨을 겁니다.

그리고 할로웰도 용서가 우리의 건강에 좋지 않거나 용서가 복수나 공격보다도 좋은 것이 아니라면 권하지 않았겠지요.

주위를 둘러보고 평화를 만들어내는 사람과 복수를 사랑하는 사람을 비교해 봅시다.

그들의 얼굴을 보면 낮과 밤만큼 다르다는 것을 알게 됩니다. 우리가 더러운 쓰레기를 발견하면 보기가 싫어서 얼른 갖다 버리듯이, 복수를 사랑하는 사람은 보기만 해도 불쾌해지고 얼른 갖다 버리거나 외면하고 싶어집니다. 그것은 그들 마음속에 있는 '밤' 때문입니다.

자식을 죽인 범인을 '아들'로 받아들인 어머니

또 하나, 미국 전역에서 화제가 된 이야기가 있습니다. 여러분은 이 이야기를 듣고 놀라실지도 모릅니다. 열아홉 살 된 자식을 살해당한 어머니가 열여덟 살짜리 살해범을 찾아가서 그의 손을 잡고 얼굴을 보면서 이렇게 말했습니다. "나는 너를 용서해." 그리고 그를 '내 아들'이라고 부르고 "너는 이제 우리 가족의 일원이 된 거야." 라고 말했던 것입니다. 그녀는 자기는 크리스천으로 키워졌고, 성경을 잘 알고 있으며 용서하지 않으면 언제까지나 괴로움이 계속될 것을 믿는다고 말하였습니다.

이 이야기도 ABC방송 나이트 라인에서 보도된 것인데, 거기에는 사제도 관련되어 있었습니다. 그 아주 마음이 따뜻한 사제는 피해자 가족과 살인자 가족, 그리고 자기의 작은 교구민들 사이에서 중계자 역할을 하면서 모두를 하나의 팀으로 다독거리고 편지를 보내기도 하고 방문하기도 하면서 피해자와 가해자 양쪽 부모와 살인범을 위로하기를 계속했습니다. 그럼으로써 피해자 부모는 지고전능자이신 하나님께 기도드리고, 하나님과 마음을 소통시키고, 그리고 무엇보다도 겸손했기 때문에 단 일순간도 죽은 아이에 대한 사랑을 잊지 않고 살인범에 동의하지도 않으면서 죄를 용서할 수 있었던 것입니다.

키포인트는 겸손함과 자기 자신을 포함해서 어떤 누구도 완전할 수는 없다는 인식입니다. 겸손하지 않으면 이처럼 고도로 순화된 레벨에 도달할 수 없습니다. 그리고 이렇게 겸손한 사람들은 결과적으로 PTSD(심적외상 후 스트레스장애)로부터 쉽게 벗어날 수 있습니다. 그리고 그것은 유가족에게 꼭 필요한 일입니다. 마음의 평정과 행복과 평안은 우리들이 마음속에서 느끼는 것이기 때문에 우리를 행복하게 만들어 주려고 남들이 해주는 것만으로는 얻어지지 않습니다.

종교나 영성(靈性)은 다른 것으로는 못하는 일을 해주는, 우리에게 꼭 필요한 존재입니다. 몇 개인가의 조사에 의하면 교회에 가는 사람은 골프를 하거나 사교 클럽에 나가는 사람보다 장수한다고 합니다. 똑같은 이유로 우리는 교회에 나가는 사람들의 삶의 자세가 하나님의 구원을 거부하는 사람들의 자세와 어떻게 다른지 쉽게 상상할 수 있습니다.

누구든 사랑하는 사람의 죽음을 받아들이기는 쉽지 않습니다. 죽음은 종종 일어나며 게다가 살인이나 테러처럼 예상도 못 했을 때 일어납니다. 그렇지만 우리의 노여움과 복수심은 사랑하는 사람을 다시 살아나게 하지 못하면서 오히려 괴로워하고 있는 사람에게 해를 줍니다. 그렇다면 우리가 용서함으로써 악마를 굴복시킬 수 있는데, 더 많은 고통을 불러일으킴으로써 악마를 더 기쁘게 만들다니, 도대체 왜 그럴까요?

저는 여러분이 도서관에 가시거든 성경을 펼치고 '욥기'를 읽어보시기를 권합니다. 그 책에는 괴로움에 대해서, 그리고 해피엔드에 대해서도 쓰여 있습니다. "아버지 저들을 용서하여 주옵소서 자기들이 하는 것을 알지 못함이니이다 하시더라."〈누가복음 23:34〉(Father, forgive them; for they know not what they do. 〈Luke 23:34 King James Bible〉)라고 예수님은 십자가에 못 박혀서 괴로워하시면서 말씀하셨습니다.

세상에 악이 존재하기 때문에 이 말씀은 괴로워하는 사람들에게 끊임없이 상기되고 있습니다.

9월 28일 회개의 국민축제일을 준비하던 기독교 텔레비전 방송은 '당신이 회개와 기념의 국민축제일 예배에서 기도해 주기를 바라는 사연과 하나님께 회개한다는 징표로 상징적인 즈크(doek)헝겊을 보내세요'라는 광고를 내보냈습니다. 성경에서는 '즈크 헝겊'은 회개와 상복(喪服)의 성경적 심벌입니다.

겸손한 자세를 지니는 것은 또한 용서하게 되는 지름길이기도 합니다. 미국의 선교사가 어느 유명한 스포츠맨의 에피소드를 소개했습니다.

"어느 날 그 유명한 스포츠 선수가 비행기에서 시트벨트 매기를 거부했습니다. '나 그런 거 안 해. 나는 제일인자거든.' 그가 스튜어디스에게 말했습니다. 스튜어디스는 '안 매면 안 돼요. 이것은 규칙입니다.'라고 말했습니다. '난 안 매. 나는 슈퍼맨이니까. 슈퍼맨한테는 시트벨트 따위 필요 없어.'라고 그가 대답했습니다. 똑똑한 스튜어디스는 '슈퍼맨이라면 비행기는 필요 없으시겠네요.'라고 했답니다."라고.

9 · 11 사태와 아프간 전쟁에서의 '사망의 음침한 골짜기'

'골짜기에 평화는 없다(No Peace in the Valley)'는 2002년 1월 「타임지」 기사 제목입니다. 부제는 'The Buddhas and the Taliban are gone. Now the foreign troops have arrived'(불상과 탈레반은 더 이상 없다. 이제 외국 군대가 도착하고 있다)이었습니다. 그 기사는 2001년에 탈레반이 다이너마이트로 폭파시킨 두 개의 거대한 불상이 있었던 버미안에서 송고된 것입니다.

'THE VALLEY OF DEATH'(죽음의 골짜기)는 2002년 3월호 「타임지」 표지 제목입니다.

'이 전쟁에서 가장 피비린내나는 전투의 내막'이라는 부제의 테러와의 전쟁에 관한 기사였습니다. 테러와의 전쟁이란, 미국과 아프가니스탄 군대가 아프가니스탄의 험악한 산악지대에 있는 알카에다의 마지막 잔당을 궁지에 몰아넣기 위한 작전으로, 많은 사상자가 나왔습니다.

2001년 9월 11일 유나이티드 항공 비행기가 하이잭(납치)되어 국방성을 향해 비행하고 있다는 것을 알았을 때, 승객 토드 비머는 유나이티드 항공의 전화를 관리하는 GTE(전화회사)를 불러내 교환수와 같이 주기도문과 시편 제23장을 기도했습니다.

"내가 사망의 음침한 골짜기로 다닐지라도 해를 두려워하지 않을 것은 주께서 나와 함께 하심이라 주의 지팡이와 막대기가 나를 안위하시나이다." 〈시편 23:4〉 (Yea, though I walk through the valley of the shadow of death, I will fear no evil: for thou art with me; thy and thy staff they comfort me. 〈Psalms 23:4 King James Bible〉)

그날 밤, 부시 대통령이 미국 국민에게 한 애도의 연설에도 똑같은 성경구절이 포함되어 있었습니다.

'무지의 음침한 골짜기를 다닐지라도……'

1973년의 미국 영화 'Paper Chase'는 하버드 대학에서 촬영되었습니다. 법학부 신입생이 겪는 1년간의 프레셔(pressure)를 그린 내용이었는데, 전제적인 킹스필드 교수 역의 존 하우스먼은 이 작품으로 아카데미상을 받았습니다. 이 영화는 존 제이 오스본 주니어의 소설을 각색한 것입니다.

법대생 역을 맡은 티모시 보톰스가 한밤중에 책을 가지러 유리창으로 도서관에 몰래 들어가면서 자기 나름대로 각색한 시편 23장 중 일부를 반복하는 장면이 나옵니다.

"……하나님은 내 영혼을 소생시키시고…… 맞아, 내가 비록 무지(無知)의 음침한 골짜기를 다닐지라도 해를 두려워하지 않을 것은 법률이 나와 함께 하심이라……."(……He restoreth my soul: … Yea, though I walk through the valley of the shadow of ignorance, I shall fear no evil: for the law is with me……)

'시편' 23장을 모르면 이 학생이 숙제 준비를 위해서 찾던 책을 발견하자 기뻐서 일반인이 잘 모르는 시 같은 것을 지어낸 것으로 생각하겠지만 그는 성경 문화 속에서 자란 사람이라면 누구나 다 아는 문장을 떠올렸을 뿐이었던 것입니다.

우리를 많이 위로해주는 이 다윗의 노래의 제3절과 제4절은 '주는 나의 목자시니(The Lord is My Shepherd)'라고 하는 제목의 찬가입니다. 이 시는 '흠정 역 성경(King James Bible)'에는 이렇게 되어 있습니다. '……맞아, 비록 죽음의 음침한 골짜기를 걸어갈지라도…….(Yea, though I walk through the valley of the shadow of death…….)' 그러나 이 하버드 대학생은 그것을 '무지의 음침한 골짜기(shadow of ignorance)'로 바꿔서 말하고 있는 것입니다. 또 '흠정 역 성경'에서는 '해를 두려워하지 않을 것은 주께서 나와 함께 하심이라'고 되어 있지만 이 학생은 그것을 '법이 나와 함께 하심이라'로 바꾸었습니다. 이 학생은 필요한 책을 찾아서 숙제를 할 수 있게 된 것을 기뻐하고 있는 것입니다.

영화 '데드맨 워킹'에 보이는 '사랑의 얼굴'

전에 어떤 미국인 목사가 이렇게 설교하였습니다.

"나는 정말이지 할리우드와 매스컴의 홍수에 화가 납니다. 그들은 돈으로 우리 아이들에게 믿을 수 없을 만큼 폭력적이고 야비하고 외설적인 것을 세례 시키고 있습니다. 그러나 지금 바로 작용하고 계시는 하나님의 손길에 의해, 우리는 지금이라도 우리나라의 진로를 바꾸어 진정한 회복으로 되돌릴 수 있습니다."

물론 아무도 이 목사에 반대하지는 않습니다. 최근의 영화를 몇 년 전의 영화와 비교해 보면, 젊은 세대에게는 당연할지 몰라도 불쾌한 신이 많습니다. 그렇지만 정말 멋진 '데드맨 워킹, 죽음에의 걸음(Dead Man Walking)'과 같이 예외적인 영화도 있습니다. 이 영화는 헬렌 프리전이라는 가톨릭 수녀의 실제 삶을 그린 것입니다. 저는 운 좋게 그 시스터를 만나서 포옹하고, 더 없이 따뜻하고 사랑 넘치는 포옹을 되받은 적이 있습니다.

시스터 헬렌 프리전이 쓴 같은 제목의 베스트셀러에 기초한 그 영화에서, 유명한 배우 숀 펜이 맡은 매튜 폰스렛이 처형실로 끌려가

시스터 헬렌과(우) 저자(중앙), 저자의 남편(좌)

기 전에 시스터는 이렇게 말했습니다. "이것은 당신에 대한 하나님의 사랑의 얼굴입니다."(I'll be the face of love for you.) 폰스렛은 강간 및 살인으로 유죄 판결을 받았던 것입니다. 제가 그녀를 만나서 이야기를 나눴을 때, 저도 실제로 그녀의 얼굴에서 사랑의 얼굴(face of love)을 보았습니다.

폰스렛은 치사주사로 처형하기 위해 간수들이 그를 처형실로 데리고 갈 준비를 하고 있을 때, '시스터 헬렌한테 와 달라고 할 수 있을까요?'라고 부탁합니다. 그의 소원은 받아들여졌습니다. 그 영화에서 우리는 시스터 프레전의 카운슬링 덕택에 회개한 사람을, 사랑의 손길이 어떻게 위로하는지 볼 수 있습니다. 그녀는 '두려워하지 말라 내가 너를 구속하였고 …….'〈이사야 43:1-2〉(Do not be afraid: for I have redeemed thee……. 〈Isaiah 43:1-2〉)라는 성경구절을 그에게 읽어 주면서 그와 함께 처형실까지 걸어갔습니다. 함께 갈 수 있는 마지막 지점에서 그녀는 그의 어깨에 키스해 주었습니다.

1984년 4월 5일, "그의 죽음에 입회한 것은, 저에게는 두 번째 세례였습니다. 저는 사람이 처형되는 것은 볼 수 없었기 때문에 그 자리를 떠났습니다. 그렇지만 그 처형은 비적(秘跡)처럼 제 영혼에 깊은 징표를 남겼습니다."라고 시스터 헬렌은 썼습니다. 그 영화와 수많은 언어로 번역된 그녀의 책은 분명히 많은 사람들의 영혼에 '징표를 계속 남길 것'입니다. 덧붙여 말하자면 그 영화는 그녀의 인간애(人間愛)로 많은 사람들을 감동시켰습니다.

그 영화에 나와 있듯이 시스터 헬렌은 부유한 환경에서 자랐습니다. 그러나 그녀는 가난한 사람, 살인자, 그리고 위로하려고 해도 어떻게 할 수도 없을 만큼 깊은 비탄에 빠진 사람들과 함께 하려고 자기의 안락한 생활을 버렸던 것입니다.

그런 일을 하는 것은 하나님을 기쁘게 해드리기 위해서이며 그와 같이 힘든 상황에 헌신하는 데에는 기쁨이 있습니다.

저도 형무소를 찾아가서 죄수들과 함께 하면서 그들에게 '사랑의 얼굴'을 보여주고 싶다고 생각합니다.

매튜 폰스렛은 시스터 헬렌에게 "저를 사랑해 주셔서 감사합니다."라고 했답니다.

죄수와 함께—부모님이 보이신 본을 따라

시스터 헬렌만큼은 못 되지만, 저도 죄수들에게 사랑과 희망을 주고 싶다는 마음에서 캘리포니아에 있는 한 형무소를 찾아갔었습니다. 자살미수 뒤 24시간 감시 하에 있던 젊은 미국인 죄수는, "함께 있어주고 이야기를 해 주어서 고맙습니다."라고 저에게 말했습니다. 그녀는 격리된 독방에 수감되어 있었고 아무도 그 방에 들어가는 것은 허용되지 않았습니다. 거기에는 그녀의 모든 동작을 찍는 감시 카메라가 있었습니다. 다행이 저는 그녀의 독방 문턱에 서서 이야기해도 된다는 허락을 받아 10에서 20센티미터 정도 되는 작은 창을 통해서 이야기를 나눌 수 있었습니다. 그녀는 자살 미수 뒤, 심신이 쇠약해져 있었고 침대에 누워 있었기 때문에 처음에는 저 혼자 이야기했습니다. 그러나 한참 지나자 그녀가 입을 열어 저에게 말을 걸어왔습니다. 그녀는 고독하고 슬프고 비참했던 것입니다.

자살 미수 뒤, 게다가 죄수로 수감 되어서 그렇게 되지 않을 사람이 있을까요? 저는 할 수 있다면 그 독방에 들어가서 그녀를 안아주고 계속해서 손을 잡아주고 싶었지만 그녀는 아마도 두꺼운 벽과 작은 유리창 너머에 내가 있다는 것만으로도 위안이 되었던 것이라고 생각합니다. 제가 그녀에게 신경을 쓰고 걱정하고 있다는 것을 그녀도 알았던 것입니다.

저는 저의 모범이 되어 주신 부모님께 감사합니다. 부모님의 일생은 하나님과 예수 그리스도를 좇는 생애였습니다. 우리 아버지의 성경 다음의 애독서는 "예수를 좇아서"였습니다. 우리가 예수를 좇고 하나님의 가르침을 따르지 않는다면 성경은 "the Book of Books"나 소위 말하는 "The Books"가 아닌, 단지 하나의 책, "the book"이 되어 버립니다. 소문자 'b'와 대문자 'B'는 문자 형태도 다르지만 가치도 다릅니다.

시스터 헬렌은 수녀가 되기 위해서 집을 나왔을 뿐 아니라 좀 더 많은 결심을 했던 것입니다. 그리고 위대한 모범을 남겼습니다. 그것은 'living the Gospel'(복음을 사는 것)이고, 남에게 힘이 되어 줄 수 있을 때, 그 역할을 다하여 남에게 봉사하는 것이었습니다.

'마태복음' 제10장 39절은 다음과 같습니다.

"자기 목숨을 얻는 자는 잃을 것이요 나를 위하여 자기 목숨을 잃는 자는 얻으리라."(Whoever tries to gain his own life will lose it; but whoever lose his life for my sake will gain it. 〈Matthew 10:39 Good News Bible〉)

사담 후세인은 예수님!?

2005년 6월 ABC 방송은 사담 후세인 전 대통령을 지키던 두 명의 미국인 간수에게 인터뷰를 했습니다. 그들은 아침 식사로 건포도 빵을 먹는 사담의 식생활이라든가 옥중에서의 사담과의 대화에 대해서도 이야기 했습니다.

"자네는 가톨릭인가보지?"라고 후세인이 말해 그 간수는 '네'라고 대답했다고 합니다. "그러면 유다가 누구인지 알겠군."이라고 후세인이 말해 '네'하고 간수가 대답하자, "그래? 나는 예수 같은 존재야. 그리고 내가 있는 곳을 밀고한 놈은 유다지."라고, 후세인은 지하 굴에서 체포되었을 때의 상황을 그렇게 말했다고 합니다.

크리스천이 아닌 사람들 사이에서도 성경에 나오는 이야기들이 일상생활에서 얼마나 일상적인 화젯거리가 되고 있는가 알 수 있는 예입니다. 물론 후세인은 미국인들하고 이야기하기 때문에 세계 공통어인 영어로 이야기하고 있었던 것입니다. 영어를 하는 한국인, 일본인, 중국인 혹은 그 밖의 나라의 크리스천 아닌 사람들이 이러한 종류의 대화를 하는 것을 듣게 된다면 얼마나 재미있을까요?

제3장

'살아갈 힘'과 성경

기쁨과 희망이라는 '성경의 영약(靈藥)'

'The Power of PRAYER'(기도의 힘)라는 것은 2004년 12월호 『U. S. 뉴스 앤 월드 레포트지』의 표지 제목이었습니다. 그것은 '과학과 사회'란(欄)의 기사였는데 자기 전에, 그리고 학교에서 기도하고 있는 가족의 사진 등이 실려 있었습니다.

미국의 신문에서는 기도와 하나님과의 커뮤니케이션을 통해 힘들고 비참한 상황이 어떻게 극복되며 마음의 상처가 어떻게 치유되느냐와 같은 기사가 자주 눈에 띕니다.

2002년 12월 「더 뉴욕 타임즈지」에는 다음과 같은 기사가 게재되었습니다. 급성천식 발작으로 죽은 9살 된 여자애에 관한 기사였는데, 'Reconciling Faith in God After Death of Innocent'(천진난만한 아이의 죽음 뒤 신앙으로 납득하다) 'A rabbi helps a couple sort out beliefs and a loss'(유대교 지도자의 도움으로 어떤 부부가 신앙과 아이를 잃은 사실을 구별할 수 있었다)라고 되어 있습니다. "비탄과 회의 속에서 그들은 유대교 지도자인 하베이 탓톨바움과 성경에서 구원을 구했습니다."라고 그 기사는 이어졌으며, 딸이 죽은 뒤 이 부부한테 상담을 요청받은 랍비인 하베이 탓톨바움은 '영적이 된다는 것은 이 세상에는 해결되지 않는 것이 있다는 사실을 인정하는 것입니다.'라고 말했습니다.

2003년 1월 「더 뉴욕 타임즈지」에는 'Finding a Smile Amid the Adversity'(역경의 한가운데서 미소를 찾다)라는 제목의 기사가 게재되었는데, 사고로 목숨은 건졌지만 다리와 골반과 팔과 어깨는 부러지고, 뇌졸중을 일으킨 데에다가 금전적으로도 어려워서 고통 받고 있는 할머니에 관한 것이었습니다. 그 할머니는 역경 가운데에서도 희망을 계속 지니고 다음과 같이 말하였습니다.

"저에게는 신앙이 있습니다. 멋진 신앙입니다. 당신이 슬프다면 그것은 당신 혼자 슬프다고 생각하고 있는 것에 지나지 않습니다. 미소를 띠고 거리를 걸어보세요. 누구를 보더라도 그들 또한 미소를 띠고 있을 것입니다."(미소 짓고 있는 할머니를 보면 누구라도 미소로 대답하겠지요.)

또 2005년 3월 『U. S. 뉴스 앤 월드 레포트지』의 건강 란에는 '머리를 뒤로 젖히고 웃으세요. 마음이 편해집니다'라는 기사가 났습니다. '웃음은 보약'이라는 내용으로, 연구가들이 웃음이 혈행(血行)을 좋게 한다는 사실을 발견했다고 설명되어 있었습니다. 웃으면 내피세포인 혈관 내막이 확장되어 피의 흐름이 좋아지기 때문입니다.

웃음과 희망과 기쁨은 신앙을 갖고 있는 사람들이 처방한 성경의 약입니다. 제 아버지는 제가 비관적이거나 소극적인 얼굴이 될 때마다 'Joy! Joy!(기뻐해라 기뻐해라)'라고 되풀이 말하곤 했습니다. 아버지는 '내가 죽거든 기뻐하고 춤추어라'라고까지 말하던 사람입니다. 사람이란 이런 별난 사생관(死生觀)을 지니게 될 수도 있으니까, 신앙이 있다는 것은 정말이지 멋진 일입니다.

"주의 성도들아 여호와를 찬송하며 그의 거룩함을 기억하며 감사하라. 그의 노여움은 잠깐이요 그의 은총은 평생이로다. 저녁에는 울음이 깃들일지라도 아침에는 기쁨이 오리로다.' 〈시편 30:4-5〉 (Sing praise to the LORD, all his faithful people! Remember what the Holy One has done, and give him thanks! His anger lasts only a moment, his goodness for a lifetime. Tears may flow in the night, but joy comes in the morning. 〈Psalm 30:4-5〉)

"눈물을 흘리며 씨를 뿌리는 자는 기쁨으로 거두리로다." 〈시편 126:5〉 (Let those who wept as they planted their crops, gather the harvest with joy! 〈Psalm 126:5 Good News Bible〉)

3000년도 전의 이 다윗의 찬가는 수없이 많은 크리스천과 유대인에게 인생철학의 일부분이자 약장(藥欌)이 되어왔습니다.

"무엇에나 때가 있으며…… 울 때가 있고, 웃을 때가 있으며……." 〈전도서 3:1–4〉 (There is a season for everything…… A time for tears, a time for laughter; Ecclesiastes 3:1–4 〈The New Jerusalem Bible〉)

이것은 성경에 나오는 유명한 철학가가 삼천 년 전에 한 이야기입니다. 성경 중에는 'laughter' 대신에 'joy'라고 번역한 것도 있습니다. 이는 기쁨이 인간의 건강에 꼭 필요한 웃음을 낳게 한다는 사실을 증명합니다. 또한 기쁨이나 희망에는 우울해지거나 하는 부작용이 없습니다. 그 부작용은 정신안정제, 즉 우울증이나 불안, 정신장애를 치료하는 약에는 꼭 수반되는 것이기도 합니다.

웃음과 기쁨, 희망 외에, 'love'(사랑) 또한 성경이 처방해 주는 약입니다. 그것은 모든 시대를 통해 성경 안에서 장려되어 왔습니다. 지금은 친구나 배우자, 친척하고의 좋은 관계가 심장병 환자의 재발위험을 반감시킨다는 사실이 연구결과 밝혀졌지만, 성경은 훨씬 더 옛날부터 그렇게 가르쳐 온 것입니다.

바울의 유명한 사랑의 메시지

2004년 4월, 「더 타임즈지」에 고린도전서를 상기시키는 'Love heals the heart'(사랑은 심장병을 고친다)라는 제목의 글이 게재되었습니다.

일본에서도 교회나 호텔에 있는 채플에서 결혼식을 올리는 사람들은 교인이 아니라도 바울의 고린도전서 중 가장 유명한 사랑에 관한 메시지를 인용하기도 합니다. 고린도 교회에 보낸 그 편지는 기독교 신도의 삶과 신앙 문제를 다룬 것입니다. 고린도는 상업과 문화가 번영했던 그리스의 세계적인 대도시였지만, 부도덕과 우상숭배도 널리 퍼져 있었습니다. 전 세계의 기독교인들이 향유하고 있는 오늘날의 문명은 바울 덕분에 의한 것이 많습니다. 바울은 수많은 문제 중에서도 양심의 문제에 대해서 많이 이야기했습니다. 균형 잡힌 사랑은 양심이 그 기능을 잘 수행하고 있을 때에만 존재할 수 있다는 것입니다.

"내가 사람의 방언과 천사의 말을 할지라도 사랑이 없으면 소리 나는 구리와 꽹과리가 되고…… 사랑은 오래 참고 사랑은 온유하며 사랑은 시기하지 아니하며 사랑은 자랑하지 아니하며 교만하지 아니하며, 무례히 행하지 아니하며, 자기의 유익을 구하지 아니하며, 성내지 아니하며, 악한 것을 생각하지 아니하며……." 〈고린도전서 13장 1-5〉 (I may be able to speak the language of men and even of angels, but if I have no love, my speech is no more than a noisy gong or a clanging bell……Love is patient and kind; it is not jealous or conceited or proud; love is not ill-mannered or selfish or irritable; love does not keep a record of wrongs; 〈1 Corinthians 13:1-5 Good News Bible〉)

그 기사를 쓴 과학담당 기자는 'heart attacks'(심장발작)이라는 중대한 건강 문제를 다루면서, 'Love heals the heart'(사랑은 심장을 치유한다)이라는 가장 단순한 말을 선택함으로써 전 세계의 독자에게 아주 간단하게 유익한 내용을 전달했던 것입니다.

교회 활동은 노인들을 건강하게 만든다

하나님은 다양한 형태로 사람들에게 재능을 주셨지만, 건강과 치유에 관한 전시회에 늘 갈 수 있는 시간과 특권은 아무한테나 주어지지 않습니다. 그러나 성경은 24시간, 365일, 누구라도 이용할 수 있습니다. 그리고 또 교회나 사제, 목사, 채플린(chaplain=목사·사제)들도 수많은 사람들의 일상적인 삶에서 대단히 중요한 역할을 담당하고 있습니다. 실제로 정기적으로 미사나 예배에 가고 교회 활동에 참여하는 것이 스포츠나 사교클럽 활동을 하는 것보다 나이 많은 분들의 건강에 좀 더 기여한다는 사실이 미국의 여러 의학연구가에 의해 증명되고 있습니다.

제 경험으로도 성경의 가르침을 따름으로써 건강과 치유를 찾았음을 통감한 일이 여러 번 있습니다. 어느 날 정신 장애가 있는 친구가 저에게 '너는 내 여동생이야'라고 했습니다. 그 친구가 말하기를 자기한테는 세 명의 자매가 있지만, 자기가 하는 말을 들어주지 않을 때가 많다, 또 자기한테 정신 장애가 있기 때문에 불러도 멀리 떨어져서 모른 척한다, 그래서 자기는 늘 고독하다는 것이었습니다.

저와 남편은 그 친구를 늘 기꺼이 기분 좋게 해 주려고 노력합니다. 그것은 성경에 그렇게 하라고 쓰여 있기 때문입니다. 또 남에게 형제자매처럼 대하지 않으면 천국에 가는 데 적합하지 못 하기 때문입니다.

"…내 아버지께 축복받을 자들이여! 창세로부터 너희를 위하여 예비된 나라를 상속받으라. 너희는 내가 주릴 때에 너희가 먹을 것을 주었고, 목마를 때에 마시게 하였고, 나그네 되었을 때에 영접하였고, 헐벗었을 때에 옷을 입혔고, 병들었을 때에 돌보았고, 옥에 갇혔을 때에 와서 보았느니라." 〈마태복음 25:34-36〉 (……Come, you that are blessed by my Father! Come and possess the kingdom which has been prepared for you ever since the creation of the world. I was hungry and you fed me, thirsty and you gave me a drink; I was a stranger and you received me in your homes, naked and you clothed me; I was sick and you took care of me, in prison and you visited me. 〈Matthew 25:34-36 Good News Bible〉)

낯선 사람을 친 자매처럼 대하고 병든 사람에게 도움을 주는 것이 인간의 의무라고 여기는 것은 바로 성경에 있는 이런 약속 때문입니다.

교회에 다니는 것은 건강에 좋다

'오늘날에는 더 더욱 하나님께 나가는 것이 건강 증진과 수명 연장에 큰 효과가 있다는 것이 확인되고 있습니다.' 1997년 1월 ABC 뉴스는 종교 예배와 사망률이라는 이야기로 시작하였습니다.

'이 치료법은 과학 기술이나 의학이 발견한 것이 아니고, 모퉁이만 돌면 발견할 수 있습니다.'라고 뉴스는 이어졌습니다. '모퉁이를 돈 곳'이란 말할 것도 없이 집에서 가까운 편리한 곳에 있는 교회를 말합니다. 건강하게 살기 위해서는 좋은 병원이라든가 좋은 진료소를 찾아다니는 것만으로는 충분하지 않습니다. 예일 대학교의 교수들의 연구에 의해, 교회에 정기적으로 출석하는 것이 노인들의 삶 전체를 크게 향상시킨다는 사실이 밝혀졌습니다. 그러한 좋은 결과는 교회에 가는 사람들이 사회 활동도 하게 되고 많은 친구들을 갖기 때문이라고 합니다.

나아가 과거 28년간에 걸쳐 2,800명의 여성을 추적 조사한 리포트가 소개되었는데, 그 리포트에 의하면 '매주 꼬박꼬박 교회에 가는 여성은 출석률이 적든가 전혀 없는 사람과 비교했을 때, 사망 가능성이 1/2에 지나지 않았다'고 합니다. 또 '여성의 경우, 교회에 나가지 않는 것은 흡연할 때의 영향과 비슷하다'고도 합니다. 강한 신앙심을 지니고 있는 여성은 혈압이 비교적 낮으며, 기능저하도 적고, 면역력이 높다는 사실을 그 연구는 밝히고 있었습니다.

그 뉴스시간에 인터뷰한 어떤 노인은 말했습니다. "나는 내가 할 수 있는 일은 스스로 관리하고, 나머지는 하나님께 맡깁니다."라고. 또 다른 여성은 칠십오 년간 꼬박꼬박 교회에 나가는 사람인데 "하나님과 함께 걷는 한, 제 마음에는 기쁨이 넘칩니다. 제 인생에는 목적이 있습니다. 기쁜 마음은 건강한 마음입니다."라고 이야기하고 있었습니다.

'walking with God'(하나님과 함께 걷는다)는 말은 정말이지 하나님께 대한 신뢰를 나타내는 아름다운 표현입니다. 하나님은 어디에나 계시니까 우리와 함께 앉아 계시고 함께 걷고 계십니다. 병원의 자기 침대 곁에 예수님 의자를 놓아두고 있었던 기독교 신자는 머리를 그 의자에 기대고 죽었습니다. 그에 비해 일본에서는 절이나 신사에서 정기적으로 활동하는 일이 별로 없는 것 같아 생활범위가 한정된, 고독한 사람이 많은 것 같습니다.

끝으로 그 뉴스는 종교는 건강에 좋은 효과를 가져다주며 최근 과학자들이 그러한 의학 연구에 무척 큰 관심을 보이고 있다고 맺고 있습니다.

천국 같은 최고의 치료

"우리는 스포츠나 날씨, 정치나 재해, 음악, 영화, 그 밖의 수많은 실례를 제시했습니다. 또 건강과 종교에 대해서도 이야기했습니다. 그러나 이 이야기는 일본의 의사나 의학연구가에게는 의자에서 굴러 떨어질 만큼 놀라운 뉴스일지 모릅니다. 그러니까 시트벨트를 매시고, 천국 같은 최고의 치료를 해주시기 바랍니다."

이것은 2005년 6월의 ABC방송의 중요 뉴스입니다. 제목은 '또 하나의 약'이었습니다.

영성(靈性)과 건강과의 관계에 대한 연구를 정식으로 승인하기 위해서 미국 전역에서 주말에 70명의 일류 의학연구가들이 버지니아주 리스버그에 모여들었습니다. 그 석상에서 "신앙은 대단히 큰 효능이 있는데, 그간 우리는 의학연구에서 그 점에 대해 충분히 주의를 기울이지 않았을 뿐이다."라고 하버드대학의 하버드 벤슨 박사가 말했습니다.

그 회의는 미국 전국건강연구협회가 주최한 것으로, 그 협회는 의학에 종교를 접목시킨 사립단체입니다. 지금은 많은 의대에서 신앙과 치료의 관계에 대해 가르치고 있으며 미국의 의학 단체도 의사들에게 '또 하나의 약'에 대해 좀 더 많은 정보를 얻도록 권장하고 있습니다.

ABC는 이어서 64세 된 남자가 심장 수술 전에 영적인 준비를 하고 있는 장면을 방영했습니다. 많은 독자들이 제가 쓴『기독교 문화의 상식』중 'hand holders'(손을 잡는 사람)에 관한 부분이 재미있다고 해주었는데, 영어를 할 줄 아는 분들은 "May I give you a hand?"라는 표현을 알고 계시지요? 이것은 "May I help you?"라는 의미인데 많은 독자들은 'hand holders'의 의미는 이해하지 못하신 것 같습니다. 그것은 병원에서 환자를 위해서, 쭉 그 손을 잡고 불안과 아픔에 괴로워하는 환자를 위로해주는 사람을 지칭합니다.

ABC는 뉴스 프로그램에서 40대인지 50대 된 의사 아니면 조수가 환자의 이마를 다정하게 쓰다듬으면서 '당신이 교회 의자에 앉아서 좋아하는 음악을 듣고 있다고 상상해 보세요'라고 말하고 있는 장면을 방영했습니다. 그 뉴스에 의하면 듀크대학교 의학센터에서는 일주일에 천 명의 환자가 이 치료법에 의존하고 있다고 합니다.

그 기술은 수술 중에 맥박과 혈압을 안정시키는 데 유효하다고 합니다. 64세 된 그 환자는 그 치유방법이 자기에게 무슨 일이 일어나고 있는지 잊게 하는 데 도움이 되었다고 하면서 '몸보다 나은 마음'이라고 덧붙였습니다. 듀크 대학교의 의사들은 '몸보다 나은 마음'

연구에 400만 달러를 쓰고 있습니다.

“우리는 그 방법이 더 좋은 약이 된다고 생각하며, 비용 면에서도 그 쪽이 효율적이라고 믿고 있습니다. 그러나 그것은 증명되어야 하고 우리는 증명할 생각입니다.”라고 듀크 대학교 의학센터의 한 박사가 말하였습니다. 이러한 예는 서양의 현대의학이 이러한 연구를 위해 준비를 갖추기 시작하고 있음을 나타냅니다.

제가 가르치고 있는 인간학과의 수업시간에 개방적이고 용기 있는 학생이, 40명의 학급 친구들 앞에서 호스피스에서 돌아가신 할아버지의 평화로운 죽음과 사랑하는 남편의 죽음에도 기적적이라고 할 수 있게 눈물을 보이지 않으셨던 할머니의 차분함에 대해서 이야기했습니다. 기독교단체가 운영하는 그 호스피스가 할머니를 영적으로 단련시켰던 것입니다. 학생들은 아주 열심히 그녀의 발표를 들었습니다. 그 날의 수업에 대한 감상문을 보니, 학생 전원이 호스피스라는 곳을 처음 알았다며 놀라움을 나타내고 있었습니다. 모두가 지금까지 들어본 적도 없는 그러한 기관에 대해 좀 더 잘 알기를 바라고 있었습니다. 발표한 학생의 할머니는 크리스천이 아니었지만, 다른 많은 학생들에게 신앙의 중요성을 일깨워준 것입니다.

독자 여러분은 틀림없이 하버드 대학교나 듀크 대학교 교수들이 한 이야기를 좀 더 깊이 생각해 보려고 하겠지요. 호스피스 이야기처럼 환자나 가족에 대한 이러한 영적인 접근은 여러분이 육체적

고통과 인생의 시련을 극복하는 데 영적으로 많은 도움이 되리라고 저는 생각합니다.

환자를 치유하는 성경의 말씀들

'기도도 많은 약처럼 치료 수단으로 유효할 수 있습니다'라고 피닉스의 의사, 샘 벤자민이 1996년 9월호 『라이프지』에서 말하였습니다. 그는 환자의 만성피로증후군에 약초와 약물 처방을 합니다. '보고, 느끼고, 만지고, 치료해 주세요'라는 기사의 부제목은 '유방암에 걸린 여성 환자가 벤자민 박사에게 「외과의한테 돌려보내지 말고, 기도해 주세요」라고 부탁했을 때, 박사가 양쪽을 다 해주었다.'라고 되어 있었습니다. 그리고 또 그 기사에는 진찰용 침대 옆에서 환자와 함께 기도드리고 있는 박사의 한 페이지 크기의 사진이 실려 있었습니다.

'기도는 벤자민이 좋아하는 방법 중 하나로, 그는 종종 성경에 나오는 치유의 말씀을 써서 수술하기 전에 그것을 환자 베개 맡에 테이프로 붙여둡니다. 「그것이 효과가 있습니까?」라고 질문하자, 「저는 효과가 있다고 생각합니다. 그렇지만 효과가 없다고 해도 무슨 해가 되나요?」라고 대답합니다.'라는 기사 다음에, '게다가 돈도 안 듭니다.'라는 말로 맺어져 있었습니다.

이와 같은 예에 관한 성경 속의 치유의 에피소드로, 예언자 예레미야가 어떤 식으로 하나님께 구원을 청했는지 봐 볼까요?

"여호와여 주는 나의 찬송이시오니 나를 고치소서 그리하시면 내가 낫겠나이다 나를 구원하소서 그리하면 내가 구원을 얻으리이다." 〈예레미야 17:14〉 (Heal me. O LORD, and I shall be healed; save me, and I shall be saved. 〈Jeremiah 17:14 King James Bible〉)

이번에는 예수님이 사셨던 시대로 가봅시다.

"예수께서 베드로의 집에 들어가사 그의 장모가 열병으로 앓아누운 것을 보시고 그의 손을 만지시니 열병이 떠나가고 여인이 일어나서 예수께 수종들더라." 〈마태복음 8:14-15〉 (And when Jesus was come into Peter's house, he saw his wife's mother laid, and sick of a fever. And he touched her hand, and the fever left her: and she arose, and ministered unto them. 〈Matthew 8:14-15 King James Bible〉)

"저물매 사람들이 귀신 들린 자를 많이 데리고 예수께 오거늘 예수께서 말씀으로 귀신들을 쫓아내시고, 병든 자들을 다 고치시니 이는 선지자 이사야를 통하여 하신 말씀에 '그는 우리의 연약한 것을 친히 담당하시고 병을 짊어지셨도다'함을 이루려 하심이더라." 〈마태복음 8:16-17〉 (When the even was come, they brought unto him many that were possessed with devils: and he cast out the spirits with his word, and healed all that were sick: that it might be fulfilled which was spoken by Isaiah the prophet, saying, Himself took our infirmities, and bare our sicknesses. 〈Matthew 8:16-17 King James Bible〉)

미사에 가면서 가톨릭 신자들이 늘 떠올리는 또 하나의 유명한 치유 이야기는 로마의 백인대장(百人隊長)의 종에 관한 것입니다.

"예수께서 가버니움에 들어가시니 한 백인대장이 나와 간구하여 이르되 '주여, 내 하인이 중풍병으로 집에 누워 몹시 괴로워하나이다.'라고 했습니다. 그래서 예수님께서 '내가 가서 고쳐 주리라'라고 하셨습니다. 그러자 백인대장이 대답하기를 '주여 내 집에 들어오심을 나는 감당하지 못하겠사오니 다만 말씀으로만 하옵소서 그러면 내 하인이 낫겠사옵니다.'" 〈마태복음 8:5-8〉 (……Lord, I am not worthy to have you enter under my roof; only say the word and my servant will be healed. 〈Matthew 8:8 New American Bible〉)

이 백인대장의 확고한 믿음은 늘 우리의 영혼을 치유하기 위해서 되풀이 암송됩니다. 온 세계의 가톨릭 신자들은 미사에서 성체배령(聖體拜領)을 하기 전에, "주여, 저는 당신이 내 집에 들어오심을 감당하지 못합니다. 다만 말씀으로만 한 마디 해 주세요. 그러면 제가 낫겠나이다."(Lord, I am not worthy to receive you, but only say the word and I shall be healed.)라고 기도드립니다.

저는 여러분이 이 백인대장의 이야기를 끝까지 읽어보시라고 권하고 싶습니다.

병뿐 아니라 전 인격체를 다루는 의술

1998년 2월, ABC방송은 영적 면과 신체적 면, 양쪽의 의술을 가르치는 조지워싱턴 대학교 의과대학을 소개했습니다.

"인간이 영적, 또는 종교적 존재라면 그 사실을 활용하면 건강관리에도 큰 성과를 낼 것이라는 데이터가 잡히고 있습니다. 우리는 의사로서 그러한 사실을 고려해야 할 필요가 있습니다."라고 조지워싱턴 대학교의 한 박사는 말했습니다. "조지워싱턴 대학교 의대는 현재 영성 과목을 가르치고 있는 30개도 더 되는 의대 중 하나입니다. 그것은 종교 운동이 아닙니다. 의사란 단순히 병만을 다루는 것이 아니라, 인간을 전체적으로 돌봐야 한다는 사실을 배울 필요가 있다는 이야기입니다."라고 소개되고 있었습니다.

조지워싱턴 대학에서는 '영성 교육'이라고 하는 새 커리큘럼이 기획되었고, 환자에게 영성에 대해서 어떻게 이야기하면 좋을지, 의사가 종교를 믿는 것이 업무에 어떤 영향을 미치는지, 그리고 영성이 얼마나 인간 건강에 중요한지 등에 대해서 의대생들이 배웁니다. 예를 들어 심장절개 수술 후, 환자들은 영성에 의해 좀 더 용감하게 실망을 직시하고 싸웁니다. 그들은 영성에 의존하지 않았을 때보다도 훨씬 더 빨리 병을 극복하는 것 같다고 합니다.

"의대생들은 하이테크 시대의 의학에 이러한 치유법을 도입하는 것을 좋게 생각한다고 합니다. 의사는 뛰어난 과학자이어야 하지만 동시에 환자를 영적으로도 돌보지 않으면 안 된다는 것이지요."라는 말로 그 방송은 맺어졌습니다.

저도 언제나 그렇게 생각하고 있었지만 이 맺은 말은 정말 멋진 코멘트입니다. 그것은 많은 사람들이 단순히 병뿐만 아니라 전인(全人, whole person)으로 병자를 다루지 않으면 안 된다고 믿고 있음을 나타냅니다. 의학뿐 아니라 다른 분야에서도 지적 전문가는 대체로 차가운 느낌을 주며 사람을 전인격적으로 대하는 성향이 부족하다고 느끼는 일이 자주 있는데 참으로 유감스러운 일입니다.

저도 같은 연구를 하고 있습니다. 지금까지 계속해서 새 언어를 배우는 능력뿐 아니라 전인적인 교육을 할 수 있는 커리큘럼을 도입하려고 생각해 왔습니다. 예를 들어 학생에게 언어를 가르치면서 형용사나 조동사, 동사, 대명사를 외워서 어휘수를 늘리라고 말해도 배우려는 마음이 없으면 그것이 무슨 소용이 있겠습니까?

예컨대 "You too"(당신도)라는 것은, 겨우 두 마디뿐인 간단하고도 쉬운 말입니다. 그렇지만 부끄러움을 많이 타는 학생이나, 낯선 사람 또는 선생들하고 마음의 커뮤니케이션을 안 해본 학생은 'Have a nice weekend'라는 말을 들었을 때, 'You too'라는 말을 하지 못합니다. 그들은 'Thank you'라는 말조차 하지 못합니다. 이러한 언밸런스를 상상할 수 있어요? 그렇지만 남에게 따듯한 마음과 애정을 주려는 마음은 누구나 갖고 있습니다.

'You too'라는 말은 영어를 배운 일이 있는 사람이라면 누구라도 알고 있습니다. 그렇지만 그 말을 일상적으로 대화에서 쓰지 않았기 때문에, 또 그러한 커리큘럼이 없었기 때문에 사람들은 'whole person'으로 행동할 수가 없게 되는 것입니다.

사랑의 에너지는 도대체 어디에서 나오는 것일까요? 음식을 먹거나 준비하기 위해 부엌에 들어갔다고 해서 나오는 것도 아니고, 목욕을 해서 나오는 것도 아니며, 옷을 빨거나, 집안을 청소한다고 나오는 것도 아닙니다. 사랑의 에너지는 우리의 가장 숭고한 부분, 고귀한 부분, 우리의 말과 우리의 행동을 변별시켜 주는 것, 즉 영혼을 중시하는 데서 나옵니다.

영혼은 단련시키고 자주 쓸 필요가 있습니다. 그것은 손으로 짠 페르시아 카펫처럼 쓰면 쓸수록 더 좋아지고 값어치가 생깁니다. 그렇기 때문에 레바논의 카펫 가게는 누구라도 밟고 지나가게 가게 입구라든가 가게 앞 포장도로에까지 카펫을 깔아두는 것입니다.

제4장

비즈니스, 미디어와 성경

'창세기'에서 따온 석유 굴삭사업 '요셉 계획'

'2005년 3월, 「더 타임즈」는 세계 뉴스 란에 성경에 있는 예언에 인도되어 복음주의자인 미국인이 북부 이스라엘에서 석유 굴삭을 시작했다'라고 보도했습니다. 그 기사 1면에는 65세 된 미시간 주의 실업가이며 '시온석유'의 오너인 존 브라운의 사진이 실려 있었으며, 다른 면에는 '창세기(Genesis)'와 '신명기(Deuteronomy)'에서 따온 성경구절이 들어 있는 세 개의 파라그래프 기사, 그리고 'WHAT THE BIBLE SAYS'(성경이 말씀하시기를)라는 제목이 보였습니다.

그 기사는 이런 내용입니다. '유전 주인이 유망하다고 생각하는 사업을 추진하려면 보통은 지질학자에게 위험하고 모험적인 사업의 성패에 대해 조언을 구하지만, 존 브라운은 자기와 이스라엘의 부(富)를 늘리기 위해서 하나님과 성경에서 조언을 구하기로 했던 것입니다.'

이스라엘의 석유자원을 땅 속에서 퍼 올려서 '하나님과 계약한 민족(God's covenanted people)'의 장래를 보장해 주려는 브라운의 사업은 '요셉 계획(Project Joseph)'이라고 불립니다. 그렇다면 브라운이 성경에서 선택한 구절은 무엇인지 읽어볼까요? 그것은 족장인 야곱이 죽기 전에 이스라엘의 열 두 부족의 시조가 된 열 두 아들을 불러 모아놓고 한 유언입니다.

"요셉은 무성한 가지, 곧 샘 곁의 무성한 가지라. …… 네 아버지의 하나님께로 말미암나니 그가 너를 도우실 것이요 전능자로 말미암나니 그가 네게 복을 주실 것이라. 위로 하늘의 복과 아래로 깊은 샘의 복과 젖 먹이는 복과 태의 복이리로다." 〈창세기 49:22-25〉
(Joseph is the fruitful bough, a fruitful bough by a well; …… By the God of your father who will help you, and by the Almighty who will bless you with blessing of heaven above and the blessings of the deep lie beneath …… 〈Genesis 49:22-25〉)

요셉의 이야기는 '창세기' 30장부터 시작됩니다. '창세기'란 성경의 제일 처음 서(書)로 그 마지막 장은 50장입니다. 이 장은 꼭 읽을 가치가 있습니다. 거기에는 신앙의 멋짐과 용서하기, 질투, 배반,

잘못된 비난과 온갖 종류의 시련에 부딪쳤을 때 피해자로 행동하지 않기, 등등의 방법에 대해서 많은 교훈이 쓰여 있기 때문입니다. 단, 이 구약성경에 나오는 요셉은 신약성경에 나오는 예수의 양아버지인 요셉하고는 다른 사람이니까 혼동하지 않기 바랍니다.

부를 예언한 성경구절

브라운이 고른 다른 성경 구절은 그리스어로 'Pentateuch', 즉 영어의 'Five Books of Mosses'(모세오경) 중 다섯 번째이자 마지막 서(書)인 '신명기(Deuteronomy)'에 나와 있습니다. 'pente'는 그리스어로 5란 뜻입니다.

'창세기'는 세계의 창조와 원시시대의 역사에 관한 이야기로, 족장인 아브라함과 그의 아들 이삭, 손자인 야곱과 야곱의 12명의 아들들, 즉 이스라엘 12부족의 형성에 대해서 쓴 서이고 '신명기'는 역사적 재고(再考)와 권고(勸告), 하나님과 그 계약, 규율의 해설과 모세가 이스라엘 사람들에게 남긴 유명한 마지막 말을 기록한 서입니다.

브라운이 선택한 성구는 다음과 같은 것입니다.

"원하건대 그 땅이 여호와께 복을 받아 하늘의 보물인 이슬과 땅 아래에 저장한 물과 태양이 결실하게 하는 선물과 영원한 작은 언덕의 선물과 땅의 선물과 거기 충만한 것과 가시떨기나무 가운데에 계시던 이의 은혜로 말미암아 복이 요셉의 머리에, 그 형제 중 구별한 자의 정수리에 임할지로다." 〈신명기 33:13-16〉 (And of Joseph he said, Blessed of the LORD his land, with the precious things of heaven, and with the dew, and from the deep lying beneath, with the precious fruits of the sun, with the precious produce of the months, with the best things of the ancient mountains, with the precious things of the things of the everlasting hills, with the precious things of the earth and its fullness, and the favour of Him who dwelt in the bush. Let the blessings come on the head of Joseph and the crown of the head of him who was separate from his brothers. 〈Deuteronomy 33:13-16〉)

성경이 얼마나 구미사람들의 일상적인 삶에 녹아들어가 있는지 알 수 있는 사례라고 하겠습니다. 회사 이름을 'Zion'(시온)이라고 붙였는데, 그것은 'Temple'(신전)이 세워져 있었던 '예루살렘 언덕'을 뜻하며 또한 '유대 사람들'이라는 의미이기도 하고, '진정한 신도들의 최종 집합장소인 천국'이라는 의미도 됩니다. 스펠링은 'Sion'으로 쓰기도 합니다.

이 미국인 사업가는, '구약의 「창세기」와 「신명기」에서 따온 위의 성구는, 요셉의 아들 므낫세와 에브라임, 그리고 야곱의 아들 아셀

부족의 고대 영토에 존재하는 부(富)를 예고한 것입니다.'라고 설명하고 나서 '아셀은 아들들 중에 가장 복을 받으며 형제에게 기쁨이 되며 그의 발이 기름에 잠길지어다'〈신명기 33: 24〉라고 한 모세의 말을 인용하였습니다.(Most blessed of sons be Asher. Let him be favoured by his brothers and let him dip his foot in oil. 〈Moses says in Deuteronomy XXXIII, 24〉)

예수님은 어떻게 하실까?

'미국의 정치가들이 기도를 회복시키기 위해 토론을 할지 모르지만, 그러나 실제로는 수많은 방과 후의 기도 클럽 덕분에 기도는 이미 대부분의 학교에 존재하고 있습니다.'라고 1998년 4월의 「타임지」는 '학교에 기도를 끌어넣어 기도를 활성화합시다'라는 제목의 기사에서 썼습니다.

'어느 흐린 날 오후, 미네소타 주 미네아폴리스의 검소한 방에서 10대의 젊은이 두서너 명이 진지하게 이야기를 나누고 또한 하나님과 대화를 합니다.'라고 그 기사는 시작합니다. 「교회의 우리 모임은 비행소년을 수용한 소년원을 방문하고 있습니다. 청년 중에는 가는 것을 두려워하는 사람도 있어요.」「제발 하나님, 이 일에 사람들이 관심을 갖게 해 주세요.」「식료품 공출 운동이 성공하게 기도해 주세요.」라는 소년들의 말을 「타임지」는 보도했습니다.

이 젊은이들이 입고 있는 티셔츠의 소매에는 'W. W. J. D.'(What Would Jesus Do?, 예수님은 어떻게 하셨을까?)라고 써있습니다. 그리고 티셔츠에는 'UPON THIS ROCK I WILL BUILD MY CHURCH'(이 반석 위에 나는 내 교회를 세우리라)는 선언이 프린트되어 있습니다. 이것은 예수께서 제자인 베드로에게 하신 말씀입니다.

베드로는 원래 요단강이 흐르는 갈릴리 호수(티베리아스 호)의 어부였는데 형제인 안드레와 함께 맨 처음 예수님을 따라간 제자입니다. 예수님은 그들에게 "나를 따라 오너라 내가 너희로 사람을 낚는 어부가 되게 하리라." 〈마태복음 4:19〉 (Follow me, and I will make you fishers of men. 〈Matthew 4:19 King James Bible〉)라고 말씀하셨습니다.

나아가 "또 내가 네게 이르노니 너는 베드로라 내가 이 반석 위에 내 교회를 세우리니 음부의 힘도 여기에 대적하지 못하리니." 〈마태복음 16:18〉 (And I say also unto thee, That thou art Peter, and upon this rock I will build my church; and the gates of hell shall not prevail against it. 〈Matthew 16:18 King James Bible〉)라고도 하셨습니다.

이는 현재 로마에 있는 성 베드로 교회를 가리키며, 로마 교황은 거기에서 살고 계십니다. 요한 바울로 2세가 위독 상태에 빠져서 돌아가셨을 때, 전 세계에서 몇백 만이라는 사람들이 성 베드로 광장에 모여들어 슬퍼했습니다.

이야기를 되돌리면, 'God'는 티셔츠에만 있는 것이 아니라 금속 플레이트에도 프린트되어 있고 샌들에도 수놓아져 있습니다. 그 말들은 'God bless you'(당신에게 하나님의 축복이 있기를)이라든가 'I'm blessed'(저는 축복받고 있습니다)라든가 'Jesus loves you'(예수님은 당신을 사랑합니다)라든가 'God is in control'(하나님이 지배하십니다) 등입니다. 이들을 '가스펠 화(靴, Gospel shoes)'라고도 부릅니다.

「타임지」에 의하면 미국의 공립학교 네 곳 중 하나라고 할 만큼 많은 학교에 이와 같은 기도 클럽이 있다고 합니다. 더 많은 지역도 있습니다.

'전에는 종교적으로 초토화되었던 교정(校庭)이 갑자기 포도나무와 포도가지가 무성한 비옥한 땅이 되었다.'라고 타임지는 쓰고 있었습니다. 비옥한 땅이란 무슨 뜻일까요? 우리는 엘니뇨라든가 농어민에 대해서 이야기 하고 있는 것이 아닙니다.

요한복음 15:5-7을 열어봅시다.

"나는 포도나무요 너희는 가지라 그가 내 안에, 내가 그 안에 거하면 사람이 열매를 많이 맺나니 나를 떠나서는 너희가 아무 것도 할 수 없음이라 사람이 내 안에 거하지 아니하면 가지처럼 밖에 버려져 마르나니 사람들이 그것을 모아다가 불에 던져 사르느니라 너희가 내 안에 거하고 내 말이 너희 안에 거하면 무엇이든지 원하는 대로 구하라 그리하면 이루리라." 〈요한복음 15:5-7〉 (I am the vine, and you are the branches. Whoever remains in me, and I in him, will bear much fruit; for you can do nothing without me. Whoever does not remain in me is thrown out like a branch dries up; such branches are gathered up and thrown into the fine, where they are burned. If you remain in me and my words remain in you, then you will ask for anything you wish, and you shall have it. 〈John 15:5-7 Good News Bible〉)

'예수님은 어떻게 하실까?'라는 것은 우리들이 살아가면서 무언가를 결정하거나 행동하기 전에, 이럴 때 예수께서는 어떻게 하실까? 라고 자문하라는 의미입니다. 누군가가 우리를 다치게 했을 때, 보복해서 그쪽도 다치게 만들고 싶다고 생각하기 쉽지만, 그때 예수님이라면 어떻게 하실까, 자문한다는 뜻입니다. 그리고 우리들은 마음속에서 대답을 듣게 되겠지요.――누구든지 네 오른편 뺨을 치거든 왼편도 돌려 대라. 용서해라. 네 십자가를 짊어져라. 네 원수를 사랑하며 너희를 박해하는 자를 위하여 기도하라는 말씀을.

우리는 많은 젊은이들이 범죄를 저지른다는 얘기를 듣습니다. 그러나 우리는 하나님을 경외하는 젊은이들이 여전히 많이 있다는 것을 알고 있으며, 그들이 자기 나라뿐 아니라 전 세계를 변화시킬 것이라고 확신하고 있습니다.

기도를 하고나서 거래를

'기도를 하고 나서 거래를(Say a prayer and make a deal)'이라는 것은 CNN의 어떤 뉴스 제목입니다. 그 뉴스는 미국의 한 호텔에 대한 것이었는데 그 호텔에는 기도서(祈禱書) 등의 영적인 책들이 구비되어 있으며, 기도드릴 곳과 영적인 힘을 얻을 수 있는 장소 등, 여러 가지 종교적 필요에 맞는 메뉴가 준비되어 있습니다. 또한 영적 분위기가 넘쳐서 숙박객들은 하나님을 가까이 느끼면서 사업상의 미팅이 성공하기를 기도드리는 등, 비즈니스를 위해서 호텔을 나서기 전에 영적인 양분을 취할 수가 있게 되어 있습니다.

호텔방에 성경책이 놓이게 된 기원에 대해서는 「기독교 문화의 상식」에도 썼지만, 다음과 같습니다. 두 사람의 여행객이 위스콘신주의 어떤 호텔에 묵었을 때, 한 사람은 성경책을 갖고 있었지만 다른 한 사람은 안 갖고 갔기 때문에 기도하기가 어려워 무척 난처했습니다. 그 경험에서 두 사람은 전국의 호텔에 성경을 배치하는 회사를 세웠다고 합니다. 제가 가르치는 학생 중 한 명은 미국에 가게 되면 그 호텔에서 묵겠다고 했습니다. 여기 한국에서도 그럴 기회는 있습니다. 한국의 호텔 매니저들은 손님의 비즈니스를 성공하게 만드는 새로운 방법을 발견할 수 있을지도 모르지요.

만일 스님이나 신사의 신관, 가톨릭 사제나 프로테스탄트의 목사들이 아침 식사 때건 식사 전이건 늘 호텔에 있어 준다면 아주 유익

하리라고 생각합니다. 늦은 시간에 거행될 결혼식을 위해서 확보해 둔 장소를 기도를 위해 사용하면 왜 안 될까요? 성경책을 객실에 비치해 두는 등의 일은, 정말이지 영적인 도움을 받기 위해 투자할 가치가 있는 일인데도 말입니다.

'하나님의 말씀에 산다'

"기도는 직장동료들과 함께 누리는 제 개인적 체험이 되어 있습니다."라고 1998년 2월 ABC방송의 리포터가 말했습니다.

"보잉사(社)에는 기독교, 유대교, 그리고 이슬람교 신자와 노동자마다 각각 연구모임이 있습니다. 마이크로소프트사의 사원들은 온라인으로 기도 모임을 열고 있습니다."라고 그는 말을 계속했습니다.(덧붙이자면 보잉사는 자원봉사 활동을 장려하고 있습니다. 보잉사 사원들에게는 힘들어하는 학생을 개인교사로 도와주는 기회가 주어져 있습니다. 이러한 봉사 시간은 무급이 아닌 유급입니다.)

"하루 종일 돈 계산에 매달렸던 사람이 그 날이 끝날 때에 '하나님 감사합니다. 하나님 오늘 하루를 주셔서 감사합니다'라고 말할 수 있다는 것은 정말 멋진 일입니다."라고 토라 연구 그룹의 리더, 제이 노프가 주식거래소 직원들에 대해 얘기했습니다. 그들은 일이 끝난 뒤, 혹은 점심시간에 기도하거나 기도서를 읽기 위해서 모입니다.

“사람들은 사업 활동에서도 의미를 발견합니다. 그들은 종교적으로 깊이 맺어져 있으며 사업과 종교를 함께 수행하고 싶다고 생각하고 있습니다.”라고 프린스턴 신학대학의 막스 스탁 하우스 교수는 말했습니다.

“‘하나님의 말씀에 산다’(Living God's word)란 어디에서나 기도한다는 의미이며 거기에는 일터도 포함됩니다.”라고 ABC방송 리포터는 텍사스 주 달라스의 시장(市場) 목사단체를 소개하면서 말했습니다. 그 단체는 소속 목사들을 회사로 파견하여 바쁘면 그냥 간단한 인사만 나눌지라도, 종업원에게 목사와 만날 수 있는 기회를 주어 대화를 나누게 하고 결혼문제이라든가 장례문제에 대해 의논하기 바라는 사람들을 위해서 있는 단체입니다.

TV 화면에서는 목사가 자동차공장 옆을 지나가면서 밝게 인사하고, 몇 명인가의 종업원과 악수하고 있는 모습이 비쳐졌습니다.

시장목사단의 창립자, 길 스톡크린은 인터뷰에서 일상적 삶 속에 이런 목사가 있다는 것이 얼마나 중요한가를 이야기하면서 종업원들은 이 ‘서비스’에 기꺼이 매달 9달러씩 내고 있다고 말했습니다.

자유 시간에 기도하기 위해서 모여드는 직원들은 자기들은 ‘이메일도 보내지 않고, 포스터도 붙이지 않는다. 참가하고 싶은 사람들만이 참가하기 때문에 종교를 갖고 있지 않은 사람들에게 강요하는 일은 절대로 없다’라고 했습니다.

'Living God's word'(하나님의 말씀에 산다)는 것은, 기억해 두고 싶은 표현입니다. 정기적으로 설교를 듣거나, 성경을 읽거나, 교회에 가는 일은 누구라도 할 수 있지만, 'Living God's word'는 무척 중요합니다. 그것은 '하나님의 명령을 따르고, 순종한다'는 의미이기 때문입니다.

'On-line prayer meetings'(온라인 기도회)도 기억해 주셨으면 합니다. 우리는 인터넷에서 볼 수 있는 마이너스 메시지에 대해 많이 우려하고 있습니다. 그러나 신앙심 깊은 사람들 덕분에 스스로 기도할 수 있고, 또 인터넷 덕분에 다른 사람을 그 기도에 동참하게 만들고 있는 사람도 있습니다. 일상생활이나 일 가운데에서조차도 여전히 기도가 공공연하게 생활의 일부가 되어 있는 나라에서 산다는 것은 얼마나 멋진 일인지 모릅니다.

'주여, 당신은 어디로 가시나이까?'

성경 속의 이야기나 표현이 매스컴에서 어떻게 사용되고 있는지, 2004년 11월 사이언스지에 실렸던 'Protein Design: Quo Vadis?'(단백질 설계: 쿼 바디스?) 와 같은 제목처럼 과학 관계 잡지에서 사용되고 있는 두서너 개의 예를 들어봅시다.

'Domine, quo vadis?'라는 것은 라틴어로, 'Master, whither goest thou?'(주님, 당신은 어디로 가시나이까?)라는 의미의 유명한 말입니다. 이것은 베드로가 로마의 황제 네로의 박해에서 도망치다가 아피아 가도(街道)에서 예수를 만나 한 말이라고 전해집니다. 아피아 가도는 로마에서 브란디시움, 현재의 브린디시까지 이어져 있던 고대 로마의 하이웨이로 고대 로마의 총독 아피우스 클라우디우스가 기원전 312년경에 건설하기 시작한 길입니다.

그때 예수의 대답이 "Venio Roman, iterum crucifigi", 즉, '나는 다시 십자가에 매달리기 위해서 로마에 가는 길이다'였습니다. 베드로는 그 말을 듣고 부끄러워져 로마로 되돌아가서 순교했습니다. 베드로는 대략 기원 67년경에 십자가에 매달렸는데 예수님처럼 똑바로 매달리는 것은 외람되다고 머리를 밑으로 매달아 달라고 요구했습니다. 1905년에 노벨상을 수상한 폴란드의 소설가 헨리케 생키에비치의 역사 소설을 대본으로 한 유명한 영화 'Quo Vadis'(쿼바디스)를 보시기를 추천합니다.

환희와 고통을 가져다주는 '양날의 칼'

2004년 11월호 『사이언스지』에는 'Autophagy in Health and Disease: A Double-Edged Sword'(건강과 병에 있어서의 자식(自食)작

용: 양날의 칼)이라는 기사가 게재되었습니다.

우리는 'Double-Edged Sword'라는 말을 들으면 곧바로 부정(不貞)과 간통에 대한 솔로몬 왕의 '잠언'을 떠올리게 됩니다.

"내 아들아 내 지혜에 주의하며, 내 명철에 귀를 기울여라. 그렇게 하면 근신하게 되고, 네 입술은 지식을 지키게 되리라. 대저 음녀의 입술은 꿀을 떨어뜨리며 그 입은 기름보다 미끄러우나 나중에는 쑥같이 쓰고 두 날의 칼날 같이 날카로우리라.: 〈잠언 5:1-4〉 (My son, attend unto my wisdom, and bow thine ear to my understanding: that thou mayest regard discretion, and that thy lips may keep knowledge. For the lips of a strange woman drop as a honeycomb, and her mouth is smoother than oil: but her end is bitter as wormwood, sharp as a two-edged sword. 〈Proverbs 5:1-4 King James Bible〉)

'Good New Bible' 판에는 제4절이 'but when it is all over. she leaves you nothing but bitterness and pain.'(그러나 모든 것이 끝났을 때, 그녀는 너에게 고통과 씁쓰름함 밖에는 안 남길 것이다)로 되어 있습니다.

이 별쇄판 제4절은 우리를 다음과 같은 또 다른 표현으로 이끕니다. 2005년 2월 미국의 『스포츠 일러스트레이티드지』에 'The Bitter End'(씁쓰름한 결말)이라는 제목의 기사가 실렸습니다. 그것은 패배

한 풋볼 팀 '캐롤라이나 팬서스'에 대한 닉 레일리의 기사였습니다. 선수 중 한명인 제이크 디롬은 일어나서 승리한 '뉴잉글랜드 패트리어츠'팀이 환호하는 모습을 지켜보기로 했던 것입니다.

'디롬은 일어나서 나이프를 한층 더 깊이 파고들게 하며(the knife cut deeper) 그들을 지켜보고 있었다.'라고 기자는 그 모습을 묘사했습니다.

디롬은 시합에 져서 슬펐고 속이 상했습니다. 그리고 상대방이 기뻐하는 것을 지켜보면서 더 깊은 슬픔에 잠기려고 생각했던 것입니다.

또한 같은 잡지에 실린 바스켓볼 선수 도아니에 대한 긴 기사에서 L. 존 워스하임은 다음처럼 쓰고 있습니다. 도아니의 수단(Sudan) 가족들은 1985년 내전을 피해 인디애나 주로 이주해 왔습니다.

"이민 가족에게 흔히 있는 일이지만, 그것은 양날의 칼이었습니다.(It's a double-edged sword.) 부모는 아이들이 그 나라에 동화하고 토지감각과 독자성을 키워주기를 바라지 그 이상은 바라지 않습니다. 동시에 부모들은 아들이나 딸이 조상 대대로 지켜온 자기들의 전통을 상실한다는 사실에 슬퍼합니다."

이 기독교도인 수단 가족은 수많은 수단인 기독교도를 살육한 정부군의 공격목표가 되어 있었을 것입니다.

홍수 뒤에 노아는

2005년 1월의 『스포츠 일러스트레이티드지』의 예처럼, 세계 뉴스도 종종 성경과 연관됩니다.

'홍수 뒤 (After the Flood)-아시아의 쓰나미는 스포츠계에도 영향을 미쳐 피해자 구원에 한 몫 했다'라는 것이 살려달라고 소리치는 사람들을 구하려다 파도에 휩쓸려서 죽은 스포츠맨에 대한 기사의 제목이었습니다.

'After the Flood'라는 제목은 구약성경에 나오는 선량하고 올바른 노아와 그 시대의 홍수에서 영감을 얻은 것입니다. 노아는 하나님께 축복받아 자손이 전 세계에 퍼지고 많은 자손을 갖게 될 것이라고 하나님은 말씀하셨습니다.

"……지상의 모든 민족은 홍수 뒤, 노아의 자손으로부터 나뉘어서 나왔다." 〈창세기 10장 32〉 (……After the flood all the nations of the earth were descended from the sons of Noah. 〈Genesis 10:32 Good News Bible〉)

또한 「더 워싱턴포스트지」에 게재된 호세 안토니오 발가스의 기사는 'The doubled-sided sword of technology saves and enslaves us.'(과학 기술이라는 양날의 칼은 우리를 구원하기도 하고 노예로 만들기도 한다.)라는 제목이었는데, 그 기사는 2006년 1월의 「더 재팬타임즈지」에도 게재되었습니다.

기독교 문화에 친숙한 사람들은 이것이 'doubled-sided'과 콤비인 'saves'와 'enslaves'의 멋진 언어유희라는 것을 금방 압니다. 이것은 어쩌다가 기사화된 말이 아니라 그 기자가 지니고 있는 귀중한 성경 지식 덕분에 태어난 말입니다. 그 기사는 휴대전화 등, 새로운 통신기기가 편리한 도구이기는 하지만 사람들이 많이 지님으로써 결국 그러한 소도구의 노예가 되어 버리는 것 같다는 내용이었습니다.

TV 여왕의 수난

"저는 제 쇼가 소고기 값을 떨어뜨렸다고는 생각하지 않습니다. 저는 예수 그리스도와 여러분께 내가 왜 여기에 있어야 하느냐고 묻고 싶습니다."라고 텔레비전의 여왕인 오프라 윈프리가 말했습니다. 그것은 1996년 '광우병 때문에 내가 앞으로도 햄버거를 먹을지 어떨지 모르겠다'라고 그녀가 말해서 사람들에게 소고기에 대해 겁을 갖게 만들었다고 텍사스 주의 목축업자가 고소해서 법정에 나온 오프라가 한 말입니다.

1998년 2월, 오프라는 비방 혐의에서 벗어났습니다. 재판관이 언론의 자유의 중요성을 고려했기 때문입니다. 오프라의 인기 때문에 그 재판은 큰 뉴스거리가 되었습니다. 그녀는 법정에서 단장(斷腸)

의 심정이었겠지만, 그 고통을 예수님하고 함께 나누었음을 보여주었습니다. 예수님도 그가 결코 범하지 않았던 죄 때문에 로마 총독 빌라도 앞에 섰던 것입니다. 오프라는 예수님이 듣고 계시다는 사실을 알고 있었기 때문에 예수님께 물었던 것입니다. '왜 제가 여기에 있어야 하죠?'라고. 오프라는 예수님에게조차 화가 났던 것이겠죠. 그렇게 때문에 그녀는 'question'(묻습니다)이라는 말을 사용한 것입니다.

가끔 화내는 것은 괜찮습니다. 그러나 가끔이지, 늘, 언제나는 아닙니다. 또한 남에게 모욕감을 느끼게 하는 화는 안 됩니다. 그것은 하나님이 우리들의 아버지이시기 때문입니다. 오프라는 하나님을 믿으며, 그것을 행동과 말을 통해서 전 세계에 고했던 것입니다.

오프라는 나중에 알게 되겠지요. 그것이 '위장된 은총'이기도 하다는 사실을. 혹은 그리스도의 수난을 함께 하는 방법일지도 모른다는 사실을요. 예수님은 말씀하셨습니다. "누구든지 자기 십자가를 지고 나를 따르지 않는 자도 능히 내 제자가 되지 못하리라." 〈누가복음 14:27〉 (Whoever does not carry his own cross and come after me cannot be my disciple. 〈Luke 14:27 Good News Bible〉)

무혐의 판결 뒤, 오프라는 보상을 받았고, 전 세계의 텔레비전 카메라 앞에서 오랫동안 춤추었습니다. '전도서(Ecclesiastes)'에 다음과 같은 말이 있는 것을 기억하십니까?

"이 세상의 모든 일은 하나님이 선택한 때에 일어나며……울 때가 있고 웃을 때가 있으며 슬퍼할 때가 있고 춤출 때가 있으며." 〈전도서 3:1-4〉 (Everything that happens in this world happens at the time God chooses……He sets the time for sorrow and the time for joy, the time for mourning and the time for dancing……. 〈Ecclesiastes 3:14 Good News Bible〉)'

그때가 되면 우리도 춤추겠지요.

기독교 문화권에서의 대화

"하루 중, 한두 번은 감정을 활용해야 되겠지, 브라이언 군. 그렇지만 그러려면 하나님의 은총이 있어야 하지." ABC방송 나이트라인의 세계적으로 유명한 사회자 테드 코펠이 2004년 12월, 자기 방송국의 육군성 담당 브라이언 하트만에게 말했습니다. 이라크의 미군부대 식당에서 큰 폭발이 일어나 25명 이상이 사망하고 60명의 부상자가 나왔을 때, 하트만은 이라크의 모슬에서 2주간을 보내고 있었습니다. 그 공격은 식사 시간을 노려서 미군에게 자행된 것이었습니다.

"Absolutely."(그렇고 말구요)라고 하트만은 대답했습니다. 이 예로 알 수 있는 것은, 크리스천들이 이러한 종류의 대화를 어떻게 하는지, 그리고 어떻게 서로 이해하는지입니다. 그리고 하트만처럼 대답할 방법도 있다는 사실입니다. 그의 대답은 '하나님의 은총이 아니었더라면 나도 죽었을지도 모른다'라는 의미입니다.

"There but for the grace of God go I."(하나님의 은총으로 나는 간다.)라는 말은 예컨대 다른 사람은 죽었는데 살아남았을 때 하나님께 감사드리면서 자주 쓰입니다. 물론 이 표현을 쓰려면 영어를 배우고 있는 사람의 성숙도가 높을 필요가 있습니다. 마음이 좁고 성숙하지 못하면, 부정적으로 오해받을 수도 있기 때문입니다. 위의 예의 경우, 죽은 사람이나 그 가족에 대해서 마음이 아프지만. 그래도 하나님의 은총으로 살아남은 것에 대해 감사하고 싶다는 심정을 나타낸 것입니다.

미국 기자들은 세계 공통어인 영어를 가장 능숙하게 합니다. 그러나 성경이나 기독교적 사고방식에 대해 모른다면 세계 공통의 정신을 제대로 이해하지 못할 것입니다. 제가 하고 싶은 말은, 프랑스인이든 독일인이든 레바논인이든 그리스인이든 많은 사람들이 이러한 대화를 즐기며 대개의 경우 거기에 적합한 대답을 한다는 사실입니다. 새로운 미디어나 과학기술 덕분에 전 세계는 점점 더 작아지고 있으니까, 영어를 공부하는 사람 중, 기독교 신자가 아닌 사람이라도 기독교 관습에 대해 좀 더 많이 알아두는 것이 유리할 것입니다.

제5장
'9.11' '카트리나'와 성경

번역되지 않는 '성경 말씀'

앞에서도 조금 소개했지만, 몇 년 전에 일본의 어느 대도시의 저명한 시장이 제 책을 읽고 '미국 대통령이나 정치가가 연설할 때 성경구절을 인용하는 것은 어떤 의미일까요?'라고 물어왔습니다. 한신아와지(阪神淡路)대지진의 비극을 겪은 도시 시장의 질문이었기 때문에 더 더욱 뜻 깊은 것이었습니다.

그 질문에 답할 실마리로 2001년 9월 11일의 대참사, 미국 동시다발 테러를 되돌아보고자 합니다.

미국 시민뿐 아니라 전 세계 사람들이 커다란 쇼크에 휩싸인 그날

저녁, 부시 대통령이 화이트 하우스에서 한 텔레비전 성명은 5분이 채 안 되는 것이었지만, 아주 강력하고 뜻 깊은 메시지를 담고 있었습니다. 그리고 그 성명은 증오와 테러 행위를 인정하지 않는 사려 깊은 사람들이 긴급히 필요로 했던 위로와 용기와 희망을 준 것이 분명합니다.

“오늘밤은 여러분에게 자기 세계가 산산조각이 난 아이들을 위해, 또 안위를 위협당한 모든 사람들을 위해 기도해 주십사고 부탁드립니다.”
“그리고 저는 모든 시대를 통해 암송되어 온 ‘시편’ 제23장의, 우리 중 누구보다도 위대하고 권세가 있는 분께 위로를 주십사고 기도드립니다. ‘시편’ 23장은 이렇게 말합니다. ‘사망의 음침한 골짜기로 다닐지라도 해를 두려워하지 않을 것은 주께서 나와 함께 하심이라 주의 지팡이와 막대기가 나를 안위(安慰)하시나이다.’ 여러분 안녕히 주무세요, 그리고 하나님, 미국을 축복해 주세요.”

유감스럽게도 일본어 번역자는 ‘시편 제23장’과 상황과의 관계를 전혀 번역하지 못했습니다. 아마도 번역자는 ‘시편’ 제23장이 의미하는 바를 몰랐겠지요. 그러니까 일본의 텔레비전 시청자는 성명의 제일 뜻 깊은 부분을 놓쳐버린 셈입니다. 덧붙여 말하자면 ‘시편’은 ‘psalm’이라고 쓰지만, ‘p’는 발음하지 않고 salm이라고 읽기 때문에 그 사실을 모르면 놓쳐 버릴 가능성이 있습니다.

부시 대통령이 성명을 낸 바로 뒤에 ABC방송의 베테랑 기자가 이렇게 코멘트 했습니다. "기독교를 강하게 의식하는 이 대통령은 '사망의 음침한 골짜기로 다닐지라도…'라고 하는 '시편' 제23장을 인용하는 것이 가장 시의적절하다고 생각했을 것입니다. 그리고 저는 그것이 오늘밤 많은 미국인들의 마음과 느낌에 부합되는 것이었다고 믿습니다. 죽은 사람들을 위해, 또 살아남은 사람들을 위해, 그리고 국내의 가족을 위해 기도드리려고 사람들이 교회에 속속 모여들고 있다는 보고가 여기저기에서 들어오고 있고, 우리도 하루 종일 그것을 절감하고 있었습니다. 국민 전체가 이 사건에 관련되어 있는 것입니다."라고.

번역자는 이 코멘트에 대해서는 '부시가 성경의 한 구절을 인용하였다'라고 전했지만, 성경의 어느 부분인지는 말하지 않았습니다. 미국의 대통령들이 재난 시, 성경의 어떤 부분을 인용하는지 알고 있으면, 그 성구로 위로받을 수도 있답니다.

저는 일본의 번역자가 성경에 정통하지 못하다고 탓하고 싶지는 않지만, 여러 나라와 여러 문화를 이어주는 진정한 가교가 되는 신성한 임무를 완수하기 위해서 성경과 기독교 문화에 좀 더 많은 주의를 기울여 주시도록 부탁드리고 싶습니다. 성경을 전부 암기하거나 암기한 것을 인용하거나 하는 것까지 기대하지는 않지만, 비즈니스맨이나 스포츠맨, 저널리스트, 할리우드 스타, 정치가, 대통령,

공무원들이 종종 입에 담는 성경 구절이 어떤 것인지 정도는 알아 두었으면 합니다. 온갖 직업과 지위의 사람들이 지구상의 온갖 장소에서 이야기하고 생각하는 방법과 그 이유에 대해 우리가 좀 더 잘 이해할 수 있는 것은 국제적 소양을 갖춘 번역자들 덕분이기 때문입니다.

'신앙도시'를 표명한 애틀랜타 시장의 연설

저는 또 애틀랜타 시장이 수많은 청중에게 연설했을 때의 이야기를 소개드리고자 합니다. 2005년 11월의 추수감사절(Thanksgiving) 때, 즉 잔학한 테러의 여진이 아직 남아있던 시기였습니다.

그는 '하나님, 미국을 축복해 주시옵소서(God bless America)'라는 제목의 텔레비전 프로그램에서 입을 열자마자 다음과 같이 이야기했습니다. "전 세계 사람들이 애틀랜타를 올림픽 등으로 알고 있습니다. 그러나 애틀랜타가 위대한 신앙의 도시라는 사실은 잘 알려져 있지 않습니다. 애틀랜타는 하나님을 믿는 사람들의 도시이며, 두려워하지 않고 하나님을 찬양하는 사람들의 도시입니다." 시장은 말을 이었습니다. "지금처럼 무척 힘들 때, 우리는 하나님을 필요로 합니다. 지금은 힘든 시기이지만, 우리는 하나님의 도시인 이 멋진 곳에 살고 있습니다. 지금은 무척 큰 긴장과 불안의 시기입니다. 하나님은 신앙이 얼마나 중요한가를 우리들에게 가르치기 위해서 어떤 방법으로든 이 시기를 사용하실 겁니다. 며칠 전에 저는 뉴욕시에 가서 붕괴된 현장으로 갔습니다. 그리고 곧장 '사망의 음침한 골짜기'로 걸어 들어갔습니다. 그렇게 많은 파괴와 혼란이 넘치던, 그렇게 많은 목숨이 희생된 장소를 보았습니다. 그러나 저는 공포는 못 봤습니다. 저는 희망을 보았습니다. 일치단결을 보았습니다. 힘을 보았습니다. 하나님의 지혜에 대한 믿음을 보았습니다. 그리고 믿음이야말로, 이런 혹심한 곤경 속에서 잊어서는 안 되는 것입니다. ……하나님이 회복시키지 못하시는 것은 없습니다. 하나님은 언제나 모든 답을 갖고 계십니다. 9월 11일의 사건처럼 답이 없는 문제도 몇 개인가 있습니다. 우리들이 답을 얻지 못하는 그럴 때야 말로 신앙으로 돌아가는 것이 중요합니다."

나아가 시장은 시민들에게 이렇게 말했습니다.

"언제나 우리가 알아야 할 것을 모두 알려주는 성경(the Good Book)에 의지해야 합니다. 그리고 우리들의 인생이, 또 국민으로서도 난국을 맞이하고 있는 이 시기를 어떻게 극복할 것인가를 우리의 아이들에게 가르치려면, 욥의 이야기를 읽으실 것을 강력하게 추천합니다. 구약성경에 나오는 그 착한 욥은 시련이 닥쳤을 때나 많은 것을 잃었을 때의 인내의 심벌로 잘 알려져 있습니다. 그래서 다음과 같은 신약 말씀이 있습니다.

'비록 하나님이 나를 죽이시더라도, 나는 하나님을 믿는다…….' 〈욥기 13:15〉 (Though he slay me, yet will I trust in him:…… 〈Job

13:15 King James Bible〉)

욥 이야기는 많은 점에서 오늘날 우리들이 견뎌내야 하는 상황과 비슷합니다. 그는 모든 것을 경험한 사람입니다. 큰 부자였고, 많은 가족이 있었고, 물질적으로 많은 것을 지니고 있었습니다. 그런데 신앙의 시련으로 일순간에 그 모든 것을 빼앗겨 버렸습니다. 그의 신앙이 곤경에 처했을 때에도 그를 지탱할 만큼 충분히 강한지 어떤지 하나님과 악마가 논의했기 때문입니다. 모든 것이 순조로울 때는 누구라도 그의 편이 되어 줍니다. 이름을 날리고 부자일 때는 누구나 좋아합니다. 뭔가 주는 사람은 누구나 좋아합니다. 그러므로 문제가 생겼을 때, 편이 되어줄지 아닐지가 진짜 시금석입니다. 그러니까 여러분, 여러분의 아이들에게 갖고 있는 모든 것을 잃었어도 계속해서 강한 신앙을 지켰고 그럼으로써 하나님께 많은 다른 방법으로 충분히 보상받은 '욥 이야기'를 가르쳐 주셔야 합니다."

시장은 이렇게 말하고 나서 신앙이 시험받아도 굳건히 신앙을 지키는 사람은 하나님께서 충분하게 보상하신다는 말로 연설을 마쳤습니다. 그는 "아이들에게 어떤 곤란한 시기에도 신앙을 견지해야 한다고 가르쳐 주어야 합니다."라고 말했습니다.

위에서 말씀드렸던 일본 시장의 질문에 저는 미국에서는 대통령이든, 시장, 비즈니스맨, 스포츠맨, 할리우드 스타이든, 성경을 읽고 그것을 일상생활이나 인생의 온갖 상황에 적용하도록 교육받았다는 사실을 알려 주었습니다. 이것은 남녀노소를 불문한 세계의 모든 사람들과 또 외국 문화와 삶의 양식을 열성적으로 가르치고 계시는 모든 분들과 그리고 친애하는 독자 여러분에게 드리는 제 대답이기도 합니다.

추락하기 직전의 비행기 안에서의 기도

9·11 테러 중 또 다른 하이재커가 백악관과 연방의회 의사당에 돌진하려는 것을 막은 히어로(hero) 중 한 사람인 토드 비마는 또 다른 의미에서 무척 인상적입니다. 임신 중인 아내를 놀라게 하고 싶지 않아서 비마는 유나이티드 항공기에 전화 서비스를 제공하는 회사인 GTE에서 일하고 있는 리사 제퍼슨이라는 전화 교환원에게 전화를 걸었습니다. 13분간 이어진 대화 중에 그 둘은 함께 '주기도문'과 '시편' 제23장을 기도 드렸습니다.

'사망의 음침한 골짜기로 다닐지라도 해를 두려워하지 않을 것은 주께서 나와 함께 하심이라 주의 지팡이와 막대기가 나를 안위(安慰)하시나이다.'(Even though I walk through the valley of the shadow of death, I will fear no evil, for you are with me; your rod and your staff, they comfort me. 〈Psalm 23:4〉)

제퍼슨에 의하면 많은 다른 승객들도 마치 마지막 의식을 치르는 것처럼 비마와 함께 '시편' 제23장을 암송했다고 합니다. 그 전화는 확실하게 제퍼슨의 삶을 바꾸었습니다. "저는 마음속으로 되풀이 되풀이 그 기도를 암송할 겁니다."라고 그녀는 말했습니다. 매스컴은 하나같이 추락한 비행기의 승객들이 교환원과 함께 한 기도를 화제 삼았습니다.

이처럼 기독교국가에서는 기도의 의미와 중요성을 잘 알고 구약성경의 내용을 이해하고 있는 사람과 같이 기도하는 행위는 극히 일상적인 일입니다.

일본은 기독교국가가 아니지만 훌륭한 분이 많이 계시니까, 비행기가 추락하기 직전에 영적인 위로를 필요로 하는 일본인 승객이 있었다면 제퍼슨처럼 행동할 사람도 있겠지요. 많은 일본 분들이 정기적으로 기도하지는 않는다고 저에게 말씀했지만, 연세가 많은 분이나 남의 생명을 다루는 일을 하는 분과 이야기해 보면 그 반응이 전혀 다릅니다.

몇 년 전, 제 남편이 미국에 출장 가있던 어느 날 밤, 저는 갑자기 몸이 안 좋아져서 새벽 3시에 어떤 병원에 갔습니다. 그 병원에는 크리스천인 간호사가 있어서 함께 기도해 주었습니다. 그 기도는 제 마음을 위로해 주었고, 우리는 아주 따뜻하게 포옹했습니다. 의사가 오기 전의 일입니다. 그 간호사는 친절하고 따뜻했으며, 기도의 소중함을 이해해 주었습니다. 그녀는 다른 사람들하고는 아주 달랐습니다.

그 밖에도 언제까지고 제 마음에 남아 있는 의료진의 영적인 힘을 일본에서도 경험했습니다. 실제로 놀랍게도 제가 어떤 의사한테 찾아갔을 때, 그는 저와 함께 기도해 주었습니다. 제가 약보다도 기도에 의지한다고 말했기 때문입니다. 그것은 참으로 감동적이었습니다.

이런 사람은 극히 소수이지만, 교환원인 제퍼슨이 비머의 전화 호출을 겪고 나서 말했듯이, 저도 마음속으로 '시편 23편을 되풀이 되풀이 암송할 겁니다.'라고 속삭였습니다.

기도의 벽

2001년 9월 12일, 어떤 부인이 말했습니다. "어제의 제 마음을 한마디로 요약한다면, 그것은 '기도'입니다."라고.

ABC방송의 뉴스 프로그램 사회자는 "행방불명자와 지금 여전히 기적을 바라고 있는 가족들에 대한 기념비로 「기도의 벽(wall of prayers)」이 세워졌습니다."라고 전했습니다.

"저는 그저 기도드렸습니다. 제가 할 수 있는 일은 기도뿐이었습니다. 저는 하나님께 말씀드렸습니다. 제발 저를 살려주세요. 여기에서 저를 구출해 주세요. 주께서 절 죽게 하기 위해서 여기에 데려오셨다고는 믿어지지 않습니다. ……저는 계속 기도했습니다. ……기도 없이는 아무 것도 못한다는 것을 저는 알고 있었습니다. 그때 한 남자가 가까이 오는 소리가 들렸습니다. 그렇지만 연기가 자욱

했기 때문에 그는 당신 모습이 안 보인다고 했습니다. 저는 손뼉을 치기 시작했습니다. 그분은 드디어 저를 발견하여 밖으로 데려다 주셨습니다. 그는 정말이지 하나님이 보내주신 천사였습니다."라고 40대의 부인이 기적적으로 구출된 후, 병원에서 이야기하고 있었습니다. 그녀는 펜타곤(미국국방성)에서 일하기 시작한 지 이틀 만에 그 사건에 맞닥뜨렸던 것입니다.

또 어떤 텔레비전 방송의 기자는 사람들이 열심히 하나님께 기도드리고 있다고 보도하면서 '채플에서 늘 보듯이 사람들은 무릎을 꿇고 기도하고 있습니다'라고 전했습니다. 실제로 CNN은 비종교적인 채널이지만 인터뷰하는 동안 내내 목사님께 기도하고 있어달라고 부탁했습니다.

'당신의 부모님과 사랑하는 사람들이 살아서 발견될 수 있도록 하나님께 기도드립니다.'라고 자원봉사자들이 벽에 쓰고 있었습니다.

의회에서의 기도

9·11 동시테러사건 직후 열린 의회의 철야기도 모임에서 조지아주 출신의 어떤 민주당 하원의원은 다음과 같이 기도드렸습니다.

"아아, 하나님. 우리는 오늘밤 무거운 마음으로 비탄에 잠겨서 당신 앞에 나왔습니다. 지금이야말로 도와주세요. 당신은 강하시며, 막강한 하나님이심을 우리는 압니다. 지금이야말로 당신이 필요합니다. 당신의 치유의 힘이 필요합니다. 오늘밤이야말로 우리에게 눈길을 부어주십시오. ……하나님, 당신의 뜻대로 우리 국민을 축복해 주십시오. 오오, 하나님, 제발 부탁입니다. 제발 세계무역센터와 펜타곤의 희생자들 가족과 그들을 사랑하는 사람들, 그리고 펜실베니아 주에서 돌아가신 분들의 가족과 함께 계셔주십시오.

오늘밤 우리는 소방관들, 경찰관들, 의사들……을 위해서 기도드립니다. 아아, 주님이시여 이 엄청난 비탄과 절망에 처해서 기도드립니다. 달리 의지할 사람이 없는 우리는 오늘밤 사랑하는 주님께 매달립니다. 우리들이 힘든 이때에 부탁드립니다. 제발 미국을 계속 지켜주십시오. 그리고 당신의 은총을 부어주십시오. 우리에게는 당신의 도움이 필요합니다. 아아, 하나님, 지금, 지난 어떤 때보다도 더 바로 저희의 기도를 들어주십시오. 오오, 하나님 우리는 당신의 백성입니다. 당신의 자식들입니다. 우리는 상처 입었습니다. 국민들은 마음을 다쳤습니다. 온 나라가 상처 입었습니다. 오오, 주님, 도와주십시오. 이 폭풍우를 벗어날 수 있게 해주십시오. 그리고 당신의 강력한 손으로 붙들어 주십시오. 자비 깊은 하나님, 오늘밤 저희 세계에 평화를 가져다주십시오."

이것은 친구이자 아버님이신 하나님과 마음을 소통시키고 커뮤니케이션을 할 수 있는 문화를 나타내는 아름다운 기도입니다.

위기 시에 구원을 가져다주는 기도 문화

2001년 9월 14일, 싱가포르 텔레비전의 톱뉴스는 '미국의 사망자 추도식에 맞추어서 여기 싱가포르에서도 오늘 수많은 교회가 특별 예배를 올렸습니다'라는 것이었습니다. 싱가포르 사람들은 전 세계의 사람들과 연대되어 있다는 사실을 나타내기 위해서 차례차례 종을 울렸습니다. 당시 일본에서도 많은 사람들이 헌화를 했지만, 위와 같은 기사제목을 본 기억은 없습니다.

저는 9·11 동시다발테러 사건만큼 큰 참사였던 한신아와지(阪神淡路)대지진을 경험했지만 제가 아는 한, 그 당시 곤경에 빠진 사람들을 위해서 기도드리러 간다든가 하는 위로의 기회는 없었습니다. 사람들은 감상적인 레벨에 멈춰있었습니다. 목숨과 집을 잃은 사람들이 안 됐다고는 생각하면서도 죽은 사람들이 어디로 가는지 궁금해 하지는 않았습니다. 사람들도 텔레비전도 죽은 뒤의 후세를 논할 기회를 제공하지 않았습니다. 그래서 많은 사람들이 비탄에 빠진 상태로 계속 남아있을 수밖에 없었다고 느껴집니다. 그 부분에서 일상생활 속에서 하나님에 대한 신앙이 큰 몫을 하고 있는 미국문화와 일본문화의 차이가 명확하게 드러나는 것처럼 느껴졌습니다.

당시, 미국에서는 교회에 사람들이 넘쳐나던 모습을 다음과 같이 보도했습니다.

“개중에는 신앙에 회의적인 사람도 있었을지 모르지만, 많은 미국인들은 답을 얻기 위해서는 아니라도, 적어도 위로를 얻고자 실제로 지금 종교에 의지하고 있습니다.”라고 ABC방송의 리포터가 9월 16일에 보도하고 있었습니다. 그가 일요예배 때 만원이 된 많은 교회를 소개했을 때의 일이었습니다.

“미국사람들은 각각 이 문제를 어떻게 처리하고 있을까요? 세계무역센터 빌딩 공격 이래 처음인 이 일요일에 수백만의 미국인이 예배를 드리면서 위로를 구했습니다.”라는 멘트와 함께 5번가의 성 패트릭 대성당의 몇 천 명이라는 사람들과 자리가 없어서 못 들어간, 성당 밖에서 라우드 스피커로 예배를 드리고 있는 몇 천 명이라는 사람들의 모습이 방영되었습니다. 미국과 일본의 문화의 차이가 잘 나타나 있으며, 숙고할 필요가 있다고 생각됩니다.

또한 2,000명의 스탠포드 대학교 학생들이 교내의 교회에서 거행된 추모식을 위해서 학교에 나왔습니다. 대학의 수업은 9월말에 시작됩니다. 즉, 학생들은 수업이 있는 날이라 등교한 것이 아니라, 추모식을 위해 일부러 나온 것입니다. 그런 점에도 문화의 차이가 보입니다만 이는 잘 생각해 볼 필요가 있는 문제가 아닐까 합니다.

이들 스탠포드의 우수한 학생들에게 총장은 복수(vengeance)에 대해서가 아니라 정의(justice)에 대해서 이야기 했습니다. 그것은 청년들이 건전하게 성장하는 데 무척 유익한 이야기였습니다.

대학이나 스포츠클럽에서 행해지는 영적 지도

스탠포드 대학의 교목은 이렇게 말합니다.

"종교적 리더의 임무는 텍사스 주의 고교생이든, 스탠포드 대학의 대학생이든, 모든 레벨의 젊은 사람들이 폭력에 호소해서 이 테러리스트들이 저지른 것과 똑같은 난센스를 저지르지 않고, 평화로운 해결책을 통해서 정의에 이르는 길을 발견해야 하는 자기들의 역할을 확실히 인식하도록 돕는 것입니다. 그것이 우리들의 일입니다. 이 문제를 테러리스트들하고 같은 행동으로 해결하려고 한다면 똑같은 악인이 되는 겁니다."

여기에서 대학교 같은 고등교육기관이 학생들에게 아주 중요한 영적 지도를 해주고 있다는 사실을 알게 됩니다. 옥스퍼드 대학의 지인이 이야기한 것이지만, 학생들은 대학 구내에 있는 바(bar)에서 채플린과 한 잔 하면서 여러 가지 문제를 토론한다고 합니다. 그리고 채플린은 그 다음 날, 그 학생들을 자기 방으로 불러서 토론을 계속한다고 합니다.

스탠포드 대학의 채플린은 '도움' '모든 레벨의'이라는 말을 사용했지만, 이는 사람은 누구나 영적 도움을 필요로 한다는 사실을 상기하게 합니다.

채플린은 스포츠를 비롯해서 다양한 분야에서 중요한 역할을 수

행합니다. 영국에는 맨체스터 시의 풋볼클럽과 같은 스포츠클럽의 3분의 1에 전속 채플린이 있습니다. 2002년 8월, 「타임즈지」에 그 중의 한 채플린이 다음과 같은 이야기를 하고 있었습니다.

프린스턴 대학교에서의 예배 모습.

"채플린을 두지 않는 클럽은 좋은 chance를 놓치게 되는 거지요." 그는 캠브리지 대학과 옥스퍼드 대학 양쪽에서 학위를 받았다고 합니다.

이런 형태의 목사직은 비즈니스 지향의 서비스라기보다는 복음 지향의 서비스이며, 남에 대한 사랑, 특히 낯선 사람에 대한 사랑을 중시합니다.

"낯선 자인 나를 너희는 네 집에 영접하였고……." 〈마태 25:43〉
(I was a stranger and you received me in your homes…… 〈Matthew 25:35 Good News Bible〉)

이것은 최후의 심판 때 하나님께서 착한 사람들에게 하실 말씀입니다. 또한 하나님께서는 그 명령을 실천하지 않았던 사람들에게는 이렇게 말씀하십니다.

"낯선 나를 너희는 네 집에 영접하지 않았고……." 〈마태 25:43〉
(I was a stranger and you would not welcome me in your homes…… 〈Matthew 25:43〉)

채플린이나 사제, 목사, 카운슬러는 재해나 사고 때 하나님을 우리 집 안으로 영접해 주는 사람들입니다. 구미 사람들은 평생을 통해 이러한 종교 관계자에게 크게 의지하며 살아갑니다.

저는 전에 일본으로 돌아오는 비행기를 타기 전에 저를 위로해 주던 친절하고 따뜻한 마음씨의 미국인 채플린을 가끔 떠올립니다. 그 채플린이라든가 이웃 사람을 형제처럼 대해주는 사람들, 그리고 예수처럼 남을 대하는 모든 사람에게 하나님께서 축복을 주실 것을 저는 압니다.

헐리웃스타들의 기도

'2001년 9월 20일 미국, 영웅들에게 바치는 찬가, 1-866-TO-UNITE를 위해서, 로스앤젤레스, 런던, 뉴욕……으로부터의 생방송' 미국과 캐나다에서 기부금을 모으기 위해 방송된 그 프로그램은 ABC, CBS, NBC, FOX 를 통해서, 그리고 일본 TV에서도 볼 수 있었습니다.

'쓰러진 우리의 형제자매를 위한 기도입니다'라고 인기가수인 브루스 스프링스틴이 그의 노래, '폐허의 우리 마을'을 노래하기 전에 말했습니다.

"주님, 저는 기도드립니다. 주님, 저에게 힘을 주십사고 기도드립니다. 주님, 신앙을 주세요, 라고 기도드립니다. 주님, 저는 당신의 자비를 바랍니다, 라고 기도드립니다. 주님, 우리는 죽은 사람들을 위해서 기도드립니다. 주님, 우리는 이 세상을 위해서 기도드립니다."라고 그는 노래했습니다. 그 노래는 '자, 일어서라'로 끝났지만, 그는 이 마지막 가사를 인기배우 톰 행크스가 연설을 시작할 때까지 몇 번이고 몇 번이고 되풀이한 다음에 마지막으로 시청자들에게 9월 11일에 목숨을 잃은 사람들의 가족을 위해서 기부해달라고 부탁했습니다. 그는 시청자들을 '미국인의 확대된 가족'이라고 불렀습니다.

스티비 원더는 사랑과 평화의 노래를 하기 전에 '빛을 볼 수 있게 해달라고 기도합시다'라고 말하고, 크리스천이 기도할 때 하나님을 부르는 말을 사용해서 하나님을 하늘에 계신 '우리 아버지'라고 불렀습니다.

그 방송에는 우피 골드버그, 로빈 윌리엄스, 알 파치노, 실베스타 스텔론, 클린트 이스트우드 같은 유명한 배우들이 연설을 하고, 노래를 부르고, 기부금을 내겠다는 전화를 직접 받았습니다.

유명한 배우 한 사람은 세계무역센터빌딩 68층에서 휠체어로 내려가려던 부인을 도와준 두 사람에 대해 언급하면서 이렇게 말했습니다. "곤란에 처한 전혀 모르는 사람을 위해 자기 목숨을 위험에 내맡기는 것은 용감할 뿐 아니라 숭고한(divine) 일입니다. 이러한 헌신적 행위에 맞닥뜨리게 되면 우리는 더 이상 서로를 모르는 사람이라고 부를 수가 없게 됩니다. 그것은 형제관계(brotherhood)이기 때문입니다."

'divine'의 뜻 중 하나는 '하나님에 어울리는'입니다. 구미인은 '멋있다' '아주 기쁘다'라고 표현할 때 이러한 형용사도 사용합니다. 'brotherhood'라는 것은 유일신을 믿는 나라에서 자주 사용되는 말입니다. 하나님을 기쁘시게 하는 일은 남을 사랑하고 형제로 대하는 것이기 때문입니다. 'brotherly love'(형제애)는 영적이며 지고전능하신 하나님을 믿는 사람들에게는 황금률 중 하나입니다.

이어서 로빈 윌리엄스는 용기에 대해서 다음과 같이 말했습니다. "용기라는 것은 공포가 없다는 것이 아닙니다. 두렵지만 그래도 계속 전진하는 것, 공포를 똑바로 직시하는 용기가 두려움을 극복합니다. 한 번 그렇게 하게 되면 얼마든지 그렇게 되풀이 할 수 있게 됩니다."라고.

또한 닐 영은 이렇게 노래했습니다. "어느 날인가 우리가 모두 함께 되고 온 세상 사람들이 하나가 되어 살아갈 날이 오지 않으려나."

진정으로 사랑과 평화를 바라는, 기도처럼 아름다운 가사였습니다. 사람은 기도드릴 때 월등한 인간이 되며, 남이 못하는 것, 하고 싶지 않은 것, 무엇을 어떻게 해야 할지 방법도 모르는 일을 해내는, 일반적인 인간의 레벨을 초월한 존재가 되기도 합니다. 그리고 그것은 사람을 기쁘게 하거나 감동시키기 위해서가 아니라 지고하신 전능자를 기쁘게 하기 위해서 하는 것입니다. 사람은 하나님이나 지고전능한 분을 좇을 때, 성실한 행동을 하기 때문입니다.

"남을 증오하는 사람을 너무 늦기 전에 변화시킬 수 있다고 생각하십니까? ……부끄러워하지 마세요. 변화시킬 수 있다고 생각하십니까?"라고 림프 히 스킷은 노래했습니다. 그 말은 우리 모두에게 이 사회에서 증오와 증오의 행위는 없어져야 하며, 증오가 사랑과 형제관계와 선에 장애물이라는 사실을 상기시켰습니다.

'몸은 묻지만 정신을 묻는 것은 아니다'

같은 프로그램에서 뉴욕시 소방본부 소속 채플린(chaplain)을 위해 기도드렸을 때의 일입니다. 그 채플린은 임종 직전의 소방관에게 마지막 의식(임종예배)을 베풀고 있을 때, 불행하게도 낙하물이 머리를 직격해서 죽었습니다. 그 채플린에 대해 톰 크루즈는 이렇게 말했습니다.

"오늘 우리는 그의 몸은 묻지만 그의 정신을 묻는 것은 아닙니다. 그의 손은 묻지만 그의 공적을 묻는 것은 아닙니다. 그의 심장은 묻지만 그의 사랑을 묻는 것은 아닙니다."라고.

이러한 말에서 이 세상을 좋게 하기 위해서, 또 우리들이 증오에 맞닥뜨렸을 때의 위안으로, 신이라는 존재가 얼마나 필요한지 알 수 있습니다. 그러나 우리를 인도하시고, 남을 위해서뿐 아니라 자기 자신을 위해서도 인간답게 행동하도록 도와주시는 지고전능하신 분을 알지 못한다면, 혹은 알고 싶지 않다면, 어떻게 모르는 사람을 사랑할 수 있겠습니까? 인간은 늦든 빠르든 대개 양심의 소리를 듣게 됩니다. 그것이 죽기 일 초 전일 때도 있습니다. 듣기를 거부하는 사람도 듣게 되는 것이 양심의 소리입니다.

이미 알아차리셨겠지만 뉴욕의 소방대에서 종교적 영적 지도가 구체적으로 이루어지고 있으며 그 존재가 채플린임을 알 수 있습니다. 'chaplain'이라는 말은 'chapel'(예배당)과 관계가 있습니다. 채플린은 경찰, 의회, 대학에서 중요한 역할을 맡고 있습니다.

어떤 리포터는 소방대의 채플린에 대해 다음과 같이 표현했습니다. '그는 우리를 돌봐주는 사내들을 돌보아주는 사람입니다'라고. 즉, 채플린이 소방관들의 영적인 면(영혼)을 돌봐주는 한편에서 소방관들은 우리를 신체적으로 돌봐줄 수가 있는 것입니다. 그 얼마나 아름다운 인간의 연결고리일까요?

"하나님을 웃기고 싶거든 당신이 내일 무슨 일을 하려는지 말씀 드리세요." 그 채플린은 생전에 우리가 얼마나 약하고 부서지기 쉬운 존재인가 소방관들에게 이야기하면서 자주 그렇게 말했다고 합니다.

톰 크루즈에 이어 줄리아 로버츠가 전 세계의 TV 시청자에게 이렇게 부탁했습니다. “제발, 제발 서로 사랑합시다. 서로 손을 내밉시다. 친절 합시다.” 그녀는 “평화가 여러분과 함께하도록. 하나님은 위대하십니다.”라고 덧붙이고 연설을 마쳤습니다.

사람들이 어려울 때, 얼마나 하나님과 그 규율을 떠올리는가 하는 것이 이들의 말에 잘 나타나 있었습니다.

미국인은 자기 삶 안에 하나님을 지니고 있기로 결정하였고, 학교에서나 집에서나 하나님을 믿고 생활하도록 교육받습니다.

제가 하나님을 믿게 된 것은 부모님 덕분이었고, 지금도 여전히 그렇습니다. 부모님이 저를 미션스쿨에 넣어 주셨기 때문에 저는 거기에서 매일 규칙적으로 종교에 접할 수 있었습니다. 일본에 온 뒤, 주위를 둘러보고 일본사람들이 종교와 영성을 그다지 중요시하지 않는 것을 볼 때마다 옛날을 생각하여 가끔 쓸쓸해지기도 하고 마음이 아프기도 합니다.

9 · 11 사태 뒤의 미국을 구원한 ‘착한 양치기’

‘제발 크리스천(소방관의 이름)이 무사히 살아있도록 함께 기도해 주세요’라는 메시지가 한 소방관의 사진 옆에 붙어 있었습니다. 뉴욕의 브롱크스에 있는 양키스 스타디움에서 추모식이 거행되었습니다. 희생자 가족 5만 5천 명이 모였고 다양한 종파의 수많은 성직자들이 기도를 올려주러 왔습니다. 9·11 비극으로부터 12일 뒤의 일입니다.

한 쪽 벽에는 커다란 글씨로 'A Prayer for America'라고 쓰여 있었습니다. 종교지도자들이 스타디움에 들어오는 동안 내내 저 유명한 'Battle Hymn of the Republic'이 합창되었습니다. 그 노래가사에는 종교적인 것이 들어있습니다.

'오늘 우리는 미국을 위해서 기도드립니다'가 맨 처음에 나온 고위 성직자가 첫 번째로 한 말입니다. '우리는 비탄뿐 아니라 좀 더 좋은 세상을 만들고자 하는 결심에서도 하나로 맺어져 있습니다.'라고 그는 말하고 나서 미국의 모토인 'One Nation Under God'이라는 말대로 미국이 나누어질 수 없는(不可分) 하나라는 사실을 상기시켰습니다.

이어서 추모식의 사회를 맡은 오프라 윈프리가 스타디움에 들어왔습니다. 그녀가 'God bless New York'라고 말을 시작하자 전원이 박수를 쳤습니다.

미국 국가가 노래된 뒤, 뉴욕의 대사교(大司敎)가 다음과 같은 기도를 올렸습니다.

"전능하시고 영원하신 아버님, 우리는 당신의 백성, 당신의 자식으로서 여기에 모였습니다. ……우리는 우리의 아픔을 치유하기 위해 용기가 필요합니다. 우리에게 위해를 가한 악인들을 처단하는 데에는 정의가 필요합니다. ……우리에게는 신앙이 필요합니다. ……자비로운 아버님, 저희들을 인도하여 주시고 우리의 바람을 들어주세요. ……우리들을 당신 가까이 다가가게 해 주세요…….”

그 기도를 듣고 있는 동안 대부분의 사람들은 고개를 숙이고 있었습니다.

“아아, 강대하신 주님, 강하신 치유의 주님, 우리들은 당신 이름을 숭앙하며 찬미합니다.”라고 유대교 랍비가 기도했습니다. 또 다른 랍비는 “선하신 하나님은 악으로 하여금 영원히 선을 이기게 허용하지 않으십니다. 동시에 증오가 희망을 이기는 것도 허용하지 않으십니다. 우리들은 하나님의 사랑에 감싸여 있습니다.”라는 기도로 청중과 TV 시청자들을 위로했습니다. 또 다른 랍비는 크리스천과 유대교도가 나날의 삶 속에서 위안을 얻고 있는 ‘시편’ 제23장을 낭독했습니다. ‘착한 양치기’라는 이름으로 알려져 있는 그 아름다운 시를 많은 사람들이 외우고 있었기 때문에 많은 사람들이 함께 암송했습니다. 하나님을 믿는 사람들은 하나님을 ‘양을 돌보아 주시는 착한 양치기’로 생각하고 있습니다.

“주는 나를 푸른 풀밭에 누이시며 쉬도록 물가로 인도하시는도다. 그리하여 내 영혼을 소생시키시고 …….” 〈시편 23:2-3〉 (He lets me rest in fields of green grass and leads me to quiet pools of fresh water. He gives me new strength … 〈Psalm 23:2-3 Good News Bible〉)

우리가 암흑 같은 처지에 놓여있을 때에는 서로가 서로에게, 그리고 하나님께 의지합니다. 목소리를 맞춰 우리는 악과 죽음은 최종적인 결정권한을 못 갖는다고 선언합니다. "……희생자들에게 우리가 치를 수 있는 최고의 경의는 생존권을 주장하는 악에서 생존권을 빼앗고 극복하는 일입니다."라고 뉴욕 주지사는 'A Prayer for America'라고 이름 붙여진 그 식에 참석한 많은 사람들에게 주의를 환기시켰습니다.

기도하는 사람들, 기도를 중요하게 생각하는 사람들, 물질주의적이거나 이기적인 생각에 사로잡히지 않은 영적인 사람들은, 악을 초월하는 일의 중요성에 관심의 초점을 둡니다.

그것은 우리가 매일 매일의 삶에서 나쁜 일을 선택할 건지, 아니면 악을 넘어설 것인지 한 쪽을 선택해야 하기 때문입니다. 결정이 나누어지는 경계선은 때로는 아주 희미해서 많은 사람이 선택을 잘못하고, 잘못했다는 사실을 모른 채 악의 덫에 걸리게 됩니다.

사람들은 기도에 귀를 기울임으로써, 그리고 착한 양치기의 도움 덕분에 회복할 수 있고, 기운을 차리고 힘을 북돋을 수가 있습니다. 우리들은 지금 갖고 있는 것에 대한 감사의 표시로 나날의 삶에서 기도하는 봉사를 확실하게 함으로써 악의 악순환을 끊을 수가 있을 것입니다.

‘성경지대’를 덮친 허리케인 ‘카트리나’

“여호와는 의인의 기도를 들으시느니라 …….” 〈잠언 15:29〉 (When good people pray, the LORD listens … 〈Proverbs 15:29 Good News Bible〉)

2005년 8월 29일, 루이지애나 주를 덮친 허리케인 카트리나로 인해 1,200명 이상이 목숨을 잃었습니다. 루이지애나 주의 8할이 수몰되었으며 30만 가구가 피해를 입었습니다. 반년이 지난 뒤에도 48만 명의 뉴올리언스 주 주민 중 반 이상이 자기 집에 돌아가지 못하는 상황이 계속되었습니다. 미국의 재해 역사상 최악의 피해를 발생시킨 이 재앙을 겪은 중남부에는 경건한 크리스천이 많이 살고 있었습니다. 이들이 카트리나 때 어떤 영적 활동을 했는가를 살펴보고자 합니다.

30일 ABC방송의 뉴스 프로그램 나이트라인은 ‘이것이 「성경지대」입니다.’라는 소개와 함께 허리케인 카트리나 때문에 쑥대밭이 된 루이지애나 주의 도시들의 참혹한 모습을 비추었습니다. 부서진 가게들뿐 아니라 교회의 처참한 모습도 보였습니다.

“이럴 때 사람들은 영락없이 신앙이나 예배당에 매달립니다. 그러나 제단과 십자가, 예수와 마리아 등의 성자(聖者)의 상 등, 숭배의 대상이 전부 망가지고 부서졌습니다. 이것은 정말이지 뭔가 서

카트리나로 흙투성이가 된 마리아상.

사시적(敍事詩的) 사건 같으며 마치 성경에 나오는 대규모 사건처럼 생각됩니다."라고 아나운서는 말했습니다.

그 다음 날인 9월 1일자 뉴스 프로그램은 "주민들의 공동체가 산산조각이 나버린 것이 마치 성경에 나오는 이야기가 그대로 재현된 것처럼 느껴집니다."라는 감상까지 나왔습니다. "그러나 그것은 결코 '출애굽(exodus)'이라고 할 정도는 아닙니다."라는 멘트도 있었습니다. 그 시점에서는 일부의 사람들이 만일에 대비해서 좀 더 안전한 곳으로 피난 가는 것처럼 보였기 때문입니다. '출애굽'이란 이집트에서 노예로 혹사당하던 유대사람들을 해방시키라는 하나님의 명령을 받은 모세가 이백만 명 가까운 유대인들을 인솔하여 이집트에서 나온 사건을 지칭하는 성경의 말입니다.

"허리케인 카트리나가 뉴올리언스를 엄청난 물에 잠기게 한 것은 틀림없으며, 이 도시를 원상태로 되돌려 놓으려면 많은 돈과 시간이 들 것 같습니다. 그러나 이 허리케인은 많은 사람들이 두려워하던 지구의 종말을 고하는 묵시록적인 허리케인은 아니었습니다."라고 보도가 되기도 하였습니다.

그러나 카트리나가 입힌 피해는 시간이 지남에 따라 훨씬 더 심각하다는 것이 밝혀졌습니다. 9월 3일, 미시시피 주에 대해서 좀 더 비관적인 보고가 나왔습니다. 'a truly apocalyptic scene'(정말 묵시록적인 광경)이라고 보도되었던 것입니다. 그리고 온갖 파괴와 황폐의 자국이 방영되었습니다.

성경의 마지막 서(書)는 'The Apocalypse'(묵시록) 혹은 'The Revelation to John'(요한계시록)이라고 불립니다. 'apocalyptic'이란 금방이라도 일어날, 만인에게 영향을 미칠 재앙을 의미합니다.

"화물운반용 헬리콥터가 안전하게 착륙할 곳이 없기 때문에 사람들을 구조하기가 불가능할 경우가 있을지도 모릅니다. 구조대가 하는 일은 뒤로 물러서고 싶은 생각이 드는 일 뿐으로, 구조대원들은 그것을 성심성의껏 하고 있습니다."라고 FEMA(연방긴급사태관리청) 본부장 마이크 브라운은 뉴스시간에 그가 관리하고 있는 각지의 구조대원들에 대해 말하였습니다.

기적을 믿으며 기도하는 사람들

루이지애나 주의 민주당 상원의원은, 헬리콥터로 수해지역을 돌면서 ABC TV를 통해 모든 것이 황폐화된 참상과 물에 잠겨 있는 집들의 모습을 전하였습니다. 그는 경찰이 그런 집을 수색하면 죽은 부모 팔에 안겨 죽어있는 아이들을 발견할 가능성이 많다고 지적하고, 눈물을 억누르고 이렇게 말했습니다. "그런 일이 없도록 저는 하나님께 기도드리고 있습니다. 그렇지만 제가 보는 한 터무니없는 고난이 일어나고 있는 것 같습니다."

같은 방송에서 뉴욕 주의 민주당 상원의원은, "이것은 국가적 긴급사태다. 우리는 무엇이 잘못되었는지, 다음에 좀 더 잘 대처하기 위해서는 무엇을 어떻게 해야 하는지 등, 많은 문제를 다루어야 한다. 우리는 인재(人災)든 천재(天災)든 지금까지 입었던 것보다도 훨씬 더 심각한 재해를 입을 수 있다."라고 말했습니다.

한편 각지의 피해자들의 모습은 다음과 같이 보도되었습니다. "많은 사람들이 구조를 기다리며 계속 기도드리고 있습니다."라고 ABC방송의 리포터가 전했습니다. 어떤 남자는 "저는 밤새워 기도드렸습니다. 그리고 감사하게도 하나님은 저를 안전한 곳으로 데려다 주셨습니다."라고 말했습니다. 또 다른 남자는 "저는 기도하기 시작했습니다. 기도, 기도뿐이었습니다. 제가 할 수 있는 것은 그것뿐이었습니다."라고 말하고 있었습니다.

"그것은 마치 성경에 나오는 세상의 종말 같았습니다. 그래서 저는 마음속부터 하나님께 기도드리려고 했습니다. 지금 저는 하나님께 아주 감사하고 있습니다. 그리고 저는 천국에의 길 중간지점 쯤에 와있다는 것을 알고 있습니다."라고 한 것은 98세 된 여자 분입니다. 그녀는 전기가 들어오지 않는 작은 집에 혼자 있으면서 동네 사람들이 그녀의 목소리를 알아차릴 때까지 물과 곡물만으로 연명했던 것입니다.

이런 때 우리는 영어로 'God hears prayers'(하나님은 기도를 들어주신다)라든가, 'Prayers are answered'(기도는 응답된다), 'Prayers are heard and answered(기도는 들어주시며 응답된다)라고 합니다.

기도에 응답해주신 예는 그 밖에도 많이 있습니다. 50대의 부인이 울면서 CNN 리포터에게 "당신에게 하나님의 축복이 있기를. 정말 감사합니다."라고 했습니다. 그 리포터는 그녀의 일용품 얼만가를 집에서 꺼내어 큰 상자에 가득 담아 고생 고생한 끝에 그녀한테 갖다 주었던 것입니다. "저는 정말이지 행복한 사람입니다. 당신 같은 분이 안 계셨다면 저는 아무것도 할 수 없을 것입니다."라고 그녀는 눈물을 흘리면서 말했습니다. 그녀는 자기 아이들을 찾으려고 고생하고 있었습니다. CNN 리포터는 그녀를 위로하기 위해 따뜻하게 그녀를 포옹하고 그 등을 쓰다듬어 주었습니다.

미국의 허리케인에는 유명한 성자의 이름이 붙여지는데, 허리케인 카트리나 같은 비극은 두 말할 것도 없이 참으로 가슴 아픈 일입니다. 그러나 이 CNN 리포터처럼 모르는 사람에게 베푼 따뜻한 배려는 인정(人情)이라는 것이 얼마나 고마운 것인지 알게 해줍니다.

그리고 그의 행동은, 일상적으로 남하고 마음을 소통시키는 데에는 배려와 온정이 절대적으로 필요하다고 믿는 모든 사람의 마음을 더할 나위 없이 위로해 주었을 것입니다.

그 CNN 리포터는 보도하는 가운데 가장 인간다운 행동을 보여주었던 것입니다. 저는 이런 형태의 커뮤니케이션을 이 세상에서 좀 더 많이 볼 수 있기를 바랍니다. 그것은 텔레비전 리포터든, 학교 선생이든, 의사든 하나님의 계획에 따라 남을 만나게 된 사람 누구한테나 바람직한 일입니다. 어떤 리포터는 서로 모르는 사람들이 베푸는 친절한 행동을 보고, "이웃들은 단순히 가까이 있다는 사실 이상의 것으로 맺어져 있었다."라고 설명했습니다.

어떤 구세군 사관은 "상황에 따라 사람은 최선의 존재가 될 수도 있습니다."라고 말했습니다. 일본의 한신아와지(阪神淡路)대지진 때, 이 크리스천 단체는 멀리 미국으로부터 일본에 담요 등 구호물자를 가장 빨리 보낸 단체 중 하나였습니다. 이런 사실에서도 우리는 신뢰할 수 있는 종교관계 사람들이 얼마나 가능한 한 인간답게 그리고 신속하게 행동하는지, 그리고 그들의 인류에 대한 공헌이 정부의 지원만큼이나 필요하다는 사실을 알게 됩니다. 또한 '성경지대' 아닌 다른 지역에서 도우러 온 사람들과 일반인인 리포터가 비극적 사건 때 어떻게 인간으로서의 본령을 발휘하는지 알 수 있었습니다.

카트리나에 피해를 입은 미국 중서부 남부 지역은 '성경지대'라고 불리고 있는데, 그것은 성경말씀을 글자 한 자 한 구, 엄격하게 지키는 종교적 근본주의자인 크리스천이 많이 살기 때문입니다.

그 지역에서는 진정 하나님과 성경이 일상생활의 일부분이 되어 있고, 중요한 부분을 이루고 있어서 허리케인에서 살아남은 사람들은 하나님의 개입과 모든 종류의 기적을 계속 믿고 있습니다. '기적은 일어납니다'라고 수많은 시민들이 일의 크고 작음에 관계없이 모두 그렇게 말하고 있었습니다.

사태를 변화시키고, '하나님의 사람'이라고 불리운 목사

ABC방송은 허리케인 카트리나의 습격 후, '한 성직자가 사태를 변화시키고 있다(One man of God making a difference)'고 보도했습니다. 그 목사는 남아있던 사람들과 함께 "당신이 받은 많은 축복을 세어보세요. 하나하나 구체적으로 사례를 들어서(Count your many blessings. Name them one by one.)"라고 노래했습니다. 그리고 그는 자기 교회의 큰 홀에 서서 물과 음식을 필요로 하는 사람들에게 직접 나누어 주었습니다.

이것은 구조가 필요한 사람들에게 제 때 구조가 이루어지고 있지 않다고 FEMA가 비난받고 있을 때의 일입니다. 이 뉴올리언스의 마음이 따뜻한 신앙의 사람은 하나님의 집인 이 사회에서 사람들에게 위로와 즐거움을 선사하였으며, 살아남은 사람들에게 자기가 그동안 받아온 은혜를 세어보게 함으로써 자기가 축복받고 있음을 확인하고 기쁨을 느끼게 했던 것입니다. 방송은 현명하게도 그 선량한 목사를 'man of God'(하나님의 사람)이라고 불렀습니다. 그리고 그가 한 일이 많은 사람들의 마음과 생활에 변화를 초래했다고 말했습니다. 자기가 받은 많은 축복에 감사하는 것을 잊고 있지는 않은지, 우리도 반성해야 할 것입니다. 하나님 편에 서지 않는 사람, 하나님의 팀에 동참하지 않기를 선택한 사람은 악마와 한 패가 되어 온갖 유혹과 획책을 선택하는 셈입니다. 이렇게 말하면 많은 분들이 쇼킹하게 받아들이실 줄 압니다. 하나님의 팀에 동참하지 않는다고 해서, 자기가 악마와 한 패가 되어있으리라고는 상상조차 못 할 것이기 때문입니다. 실제로 그런 사람들은 자기가 훌륭하며 옳다고 생각하고 있기 때문에 독선적이라고 할 수 있습니다. 그들은 모든 결정을 자기 자신의 판단에 입각해서 내리기 때문에 하나님 편에 서있는 사람들처럼 진실과 선(善)을 보기가 쉽지 않습니다.

카트리나의 분노는 상상을 초월하는 큰 피해를 입혔지만, 교육자가 그것을 낯선 사람들에게 친절을 베풀어야 하는 당위성을 가르치는 수단으로 사용한다면, "그러므로 무엇이든지 남에게 대접을 받고자 하는 대로 너희도 남을 대접하라, 이것이 율법이요 선지자니라." 〈마태복음 7:12〉 (So in everything, do to others what you would have them do to you, for this sums up the Law and the

Prophets. 〈Matthew 7:12〉)라고 하는 단순한 황금률을 가르치는 것이 됩니다. 그것은 교육에 대한 희망을 싹트게 하며 친절의 결여 때문에 세상의 많은 사람들의 마음에 생긴 아픔이 비로소 완화되겠지요.

한편 일본의 황금률인 '남에게 폐를 끼치지 말라'라는 말을 제대로 이해하지 못하고 있는 듯한 사람들도 볼 수 있습니다. 그러한 미성숙한 사람들은 책임을 회피하고 싶을 때면 늘 자기가 남에게 폐를 끼치고 있는데도 불구하고 거꾸로 자기가 피해자인양 행동하는 법입니다.

같은 날 CNN의 뉴스 제목은 '아이들끼리의 상부상조(Kids helping Kids)'였습니다. 그 운동은 오하이오 주 신시내티에서 어떤 라디오 방송국의 사회자가 아이들에게 카트리나로 피해를 입은 아이들을 위해서 각자 돼지저금통을 따자고 제안한 것이 계기가 되어 태어났습니다. 그 결과 아이들한테서 일만 달러가 모였던 것입니다.

아마도 그 운동에 동참한 아이들은 남에게 베풀기를 계속하면서 성장할 테고, 희생이 따르기는 하지만 베푸는 일의 기쁨과 아름다움을 느끼겠지요. 베풀기를 못 배운 사람들은 이기적인 인간으로 성장하기 쉽고 자기 목적을 위해서 지역사회를 혼란스럽게 만들 수도 있을 것이며 본인도 불행할 뿐 아니라 카트리나처럼 사회에 재앙을 초래하는 존재가 될 수도 있습니다.

황금률 '남에게 대접받고자 하는 대로 너희도 남을 대접하라'의 실천을

"남에게 대접을 받고자 하는 대로 너희도 남을 대접하라." 〈마태복음 7:12〉 (Do for others what you want them to do for you. 〈Matthew 7:12 Good News Bible〉)

"우리는 전국의 정신보건시설을 총동원했습니다. 우리는 앞으로 어떤 일이 발생할지 알고 있으며 또 많은 분들이 이미 앓고 계시는 PTSD(심적외상후 스트레스장애)를 현장에서 대처할 정신보건 전문가들을 확보하기 위해서 노력하고 있습니다."라고 아칸서스 주의 공화당 주지사가 2005년 9월의 뉴스 시간에 말했습니다. 허리케인 카트리나 때문에 루이지애나 주나 미시시피 주에서 아칸서스 주로 이주한 6만 명의 시민들을 위한 카운슬링의 중요성을 논의하던 때의 일입니다. 아칸서스 주의 인구는 갑자기 2.5퍼센트 증가했던 것입니다.

주지사는 나아가, 아칸서스 주는 주거와 취직, 학교 문제 등을 지역사회와 연계하여 함께 지원하고 있다고 말했습니다. "그리고 내가 참으로 기뻤던 것은, 우리 고장의 교회들이 교회답게 활동하고 있는 것입니다. 그들은 진심에서 우러나는 사랑의 마음으로 손을 내밀었습니다. 그리고 이주해 온 사람들이 환영받고 있다고 느끼게 해주었습니다."라고 주지사는 설명했습니다.

"우리는 '내가 이런 처지가 되었다면 남들이 어떻게 해주기를 바랄까?'라고 자문하려고 노력하고 있습니다. 쉬운 일은 아니지만 불가능한 일도 아닙니다. 우리는 아주 잘 해내고 있습니다. 아칸서스 주 사람들은 카트리나 때문에 거주할 곳을 잃은 사람들을 이웃과 친구로 받아들였습니다. 우리는 그분들에게도 '남에게 대접 받고자 하는 대로 너희도 남을 대접하라'는 주님의 황금률을 실천해 달라고 부탁했습니다. 그분들은 그렇게 해주었습니다. 저는 그분들을 아주 자랑스럽게 생각합니다."라고 주지사는 말했습니다.

그 주지사가 말한 것은 우리를 2,000년 전으로 되돌아가게 합니다. 2,000년 전, 예수님은 제자들과 군중에게 언덕 위에서 진정한 행복이란 무엇이며, 어떻게 하면 남하고 협조하면서 살 수 있는지, 그리고 기도하는 방법과 박애와 천국의 부(富)의 의미에 대한 황금률을 주셨던 것입니다. 그것은 '산상의 설교(Sermon on the Mount)'라는 이름으로 온 세상 사람에게 알려져 있습니다.

그리고 여전히 사람들이 교회나 캠프에 마련한 교회에 설교를 들으러 모이는 것을 고려하여, 주지사는 모텔이나 호텔 등의 피난처가 모자라 친구나 가족과 함께 있을 수 없게 된 사람들을 위해서 준비한 26개의 캠프에 임시교회를 마련했습니다. 이러한 사실을 보아도 우리는 다시 한 번 행복할 때든 불행할 때든 종교가 구미사람들의 일상생활에서 얼마나 중요한 자리를 차지하고 있는가 하는 것을 알게 됩니다.

이 주지사는 교회가 교회답게 활동하고 있다는 사실, 사람들이 사랑의 마음으로 원조의 손길을 내밀고 있다는 사실, 남이 해주기를 바라는 대로 남에게도 하는 황금률이 실천되고 있다는 사실을 기뻐했지만, 그 기쁨은 정말이지 사랑과 평화를 믿는 모든 사람들의 기쁨이기도 합니다.

허리케인 카트리나의 재해로 인해, 미국인이 다양한 방법으로 남에게 사랑을 베푸는 모습을 볼 수 있었습니다. 남에게 사랑을 베푸는 데에도 다양한 형태가 있을 수 있습니다. 많은 외국어를 많이 배우고 싶다고 생각하는 것처럼 인간끼리의 커뮤니케이션에도 다양한 '언어'와 '방언'이 있다는 사실을 배우고, 또 가르치지 않으면 안 됩니다. 그리고 그것은 자존심이 없는 사람이 좀 더 많은 사랑을 베푸는 사람으로 성장하도록 도움이 되겠지요.

그리고 그렇게 됨으로써 자기를 위해서나, 또 세상을 위해서나 크게 소용이 닿는 사람이 될 것입니다.

타인이나 이문화(異文化)와의 충돌은 이웃 사람에게 사랑을 베푸느냐 안 베푸느냐의 문제이며 서로가 서로 저질스러운 삶, 죽음을 초래할 삶이 아닌 양질의 삶을 살기를 선택할 것인지 아닌지의 문제인 것입니다.

끝으로

친애하는 독자 여러분, 마지막 페이지까지 읽어 주셔서 감사합니다. 언어의 국제화가 계속 이루어져 오늘도 내일도 수많은 사람들의 마음과 지성(知性) 가운데서 지구 규모화(規模化) 정신이 꽃을 피우고 있는 것은 여러분 덕분입니다. 독자 여러분에게 의미 있으면서 즐거운 시간을 보내게 해준 PHP연구소와 이 책의 편집을 맡아 주신 뛰어난 편집자, 사사키 가쓰히코 씨에게 감사드립니다.

저는 먼저 번 책에 이어 이 책에도 보여주신 PHP연구소 사장 에구치 가츠히코 씨의 교육과 사회개선에 쏟는 노력에 대해, 또 이 책의 편집자이며 친한 친구인 사사키 겐지 씨의 제 원고에 대한 관심과 끊임없는 지도에 대해 진심으로 감사드립니다.

저는 정말이지 많은 은총을 받고 있습니다. 감사합니다. 이 책이 일본어로 번역·출판되는 데에는 친애하는 모쿠세 미노루 씨와 제 사랑하는 남편 이시쿠로 미치가네의 끊임없는 도움이 있었습니다. 마음으로부터 감사드립니다. 지금으로부터 35년 전, 이 아름다운 나라에 저를 오게 하려고 남편을 레바논으로 보내주신 하나님과 그분의 섭리에 감사드립니다. 덕분에 남편 미치가네는 이 지구를 위해 가장 필요하고 가장 단단한 가교 역할을 수행할 수 있었습니다. 하나님의 신비한 계획과 한없는 은총에 감사드립니다.

마지막으로 제 부모님의 독실한 신앙과 저에게 주신 무한한 사랑에 감사드립니다. 하나님을 알고, 알기 원하며, 또 하나님을 믿고 하나님을 삶의 중요한 요소로 소중히 하고 있는 다른 나라 사람들에 대해서 알고 싶다고 원하는 분들에게, 제가 그것을 전달하게 된 것은 우리 부모님이 쌓으신 많은 덕 덕분입니다.

마지막이 되었지만 결코 가볍지 않은 감사의 마음을 제 형제자매와 그 배우자들, 그리고 조카와 생질들이 매일처럼 저에게 보여주었던 사랑과 영감(inspiration)에 전하고자 합니다. 특히 생질인 우메카와 소라야(梅川 Soraya)는 열정적으로 협력해 주어서 재학하고 있는 미국의 프린스턴 대학교 사진을 보내주었습니다. 사랑은 정말이지 귀중한 것입니다. 그리고 저는 그 아주 작은 조각에 대해서도 하나님께 감사드립니다.

심심한 감사와 함께,

이시구로 마리로즈

| 한국의 독자에게 보내는 저자의 말 |

한국의 독자 여러분!

제 책이 한국어로 번역된다니 얼마나 기쁘고 감사한지 모르겠습니다. 제 책을 여러분이 즐기시고 유용하게 여겨주셨으면 합니다. 저는 여러 기회에 방문할 수 있었던 한국을 사랑하고 있으며 한국을 위해 늘 기도드리고 있습니다. 여러분을 직접 뵈올 수 있게 다시 방문할 수 있기를 바라고 있습니다.

만나는 그날까지 우리가 마음으로 맺어지고 다양한 방법으로 세계를 좀 더 풍요롭게 하기 위해서 지속적으로 함께 공헌하기를 바랍니다.

감사와 함께

이시구로 마리로즈

| 역자 후기 |

2년 전에 고베(神戶)에 있는 오테마에 대학에 강연하러 갔을 때, 우연히 아주 다정하고 아주 친절한 이시구로 메리로즈를 만나게 되었다. 그녀는 나한테 자기 책을 여러 권 주었는데 그 중에는 베스트셀러가 많았다. 평상시 일본이 우리보다 영어교육에 관심이 적다고 느끼고 있었기에 무엇이 그녀의 책을 베스트셀러로 만들었는지 궁금했다. 일본학생들에게 영어를 가르치면서 그녀가 미국문화의 기초가 되고 있는 기독교적 가치관과 성경에 대해 알려야겠다고 생각한 것은 당연한 일이었다. 이문화(異文化)를 이해해야 상호이해가 가능하며 다른 문화에 대한 이해 없이는 진정한 국제교류란 이루어질 수 없기 때문이다. 전공이 일본문학인 나는 제2차 세계대전 때, 미군이 일본을 점령할 경우 일본과 일본인에게 어떻게 대처해야 점령이 성공할까라는 전략적 목적에서 선교사 부부의 아들로 일본에서 태어나 17세까지 일본에서 살았고, 전쟁 당시에는 미국 군사정보부 소속이었던 에드윈 라이셔워(Edwin Oldfather Reischauer, 1910–1990, 1961–1966 주일미국대사, 하버드대학 라이셔워연구소 소장 역임)가 제안한 천황제 정책이라든가 교토(京都) 폭격에 대한 제언을 참고하고, 문화인류학자 루스 베네딕트에게 일본문화를 연구하게 하여 『국화와 칼』(Ruth Benedict: *The Chrysanthemum and the Sword: Patterns of Japanese Culture*, 1946)이라는 명 저서를 탄생하게 한 사실을 중요하게 생각한다. 그만한 준비가 있었기에 1945년부터 1951년까지 이어진 미군을 중심으로 하는 연합군의 일본점령이 원활하게 수행될 수 있었기 때문이다.

그런 맥락에서 남달리 영어교육열이 높은 우리나라이지만, 미국문화에 대해, 또 그 근간을 이루고 있는 기독교문화에 대해 얼마나 이해하고 있는지 궁금했다. 이 책을 번역하면서 대학에서 영문학을 전공한 나도 미국문화의 근간을 이루는 기독교와 성경 내용이 얼마나 영어라는 언어와 서구인들의 일상생활에 녹아들어있는지, 참 몰랐구나 하는 생각을 많이 하게 되었기 때문이다. 그런데 이 책 번역이 끝나갈 때쯤 해서, 어떤 분이 2009년 7월 30일에 서울 『사랑의 교회』에서 강영우 박사가 하신 설교테이프를 주셨다. UN 세계장애위원회 위원으로 활약하고 계시는 강 박사는 2002년 부시 대통령 때 백악관 국가장애위원회 정책차관보를 지내셨다. 28세에 연세대학교를 졸업하고 도미 유학하여 한국인으로서는 최고위직에 오른 사람 중 한 명이다. 그분의 설교내용이 이 책과 긴밀하게 연계되는 부분이 많아서 후기라는 형식을 빌려, 설교 내용 중 미국문화의 근간에 녹아있는 기독교적 가치관에 관한 부분을 소개하고자 한다.

설교제목은 'Servant Leadership 또는 Serving Leadership-섬

기는 지도자가 되어 세상을 변화시켜라'이다. (참고로 이 테이프는 『사랑의 교회』에서 구입할 수 있다.) 한국에 있을 때에는 시각 장애인이라고 해서 편견과 차별, 천대를 받았던 그였지만, '아픔을 함께 나눈다는 마음으로 약자를 섬긴다'는 기독교적 가치관이 맥박 치는 미국사회에 들어가자 그 약점은 오히려 강점으로 변했다고 한다. 밤중에 집으로 걸어가던 그를 부득불 태워다준 국회의원(man of congress), 비오는 날 등교 길의 그를 학교까지 태어다준 연방검사장. 그들에게 강박사가 무척 바쁜 분이 어떻게 나 같은 장님, 그것도 이국의 장님에게 이렇게 친절을 베풀 수 있느냐고 묻자 오히려 이상하다는 듯이 그를 보고 대답한 말이 한결같이 "Christian Compassion"이었다고 한다. com은 together(함께 하다, 함께 나누다)이고 passion은 '정열'이라는 의미도 있지만, '동정', '긍휼'이라는 의미도 있다. 다시 말해 긍휼히 여기는 마음으로 약자를 섬기는 것이 기독교가 근간인 미국이라는 나라의 핵심 가치관이며 고위공직자가 되기 위한 3가지 자격 중 하나라는 것을 강 박사는 깊이 인식하게 되었다고 한다.

영어로 공무원은 civil servant 또는 public servant이다. serve-섬기는 사람이라는 뜻이다. 아버지 부시가 대통령 취임식에서 순서에 없는 기도로 취임연설을 시작하면서, '내가 이 권력을 나를 위해서도, 내 가족을 위해서도 아니고 only to serve people'이라고 기도했던 데에서 미국의 noblesse oblige의 덕목이 compassion과

serve에 기초하고 있음을 알 수 있다. 이러한 도덕률은 기독교에서 나왔는데 섬김에 대한 예수의 말씀을 보자.

"예수께서 이르시되 이방인의 집권자들이 그들을 임의로 주관하고 그 고관들이 그들에게 권세를 부리는 것을 너희가 알거니와 너희 중에는 그렇지 않을지니 너희 중에 누구든지 크고자 하는 자는 너희를 섬기는 자가 되고 너희 중에 누구든지 으뜸이 되고자 하는 자는 모든 사람의 종이 되어야 하리라. 인자가 온 것은 섬김을 받으려 함이 아니라 도리어 섬기려 하고 자기 목숨을 많은 사람의 대속물로 주려 함이니라." 〈마가 10: 42-45〉 (Jesus called them together and said, "You know that those who are regarded as rulers of the Gentiles lord it over them, and their high officials exercise authority over them. Not so with you. Instead, whoever wants to become great among you must be your servant, and whoever wants to be first must be slave for all. For even the Son of Man did not come to be served, but to serve, and to give his life as a ransom for many. 〈Mark 10:42-45〉)

예수는 제자들의 발을 씻겨주고 나서 "내가 주(主)이자 선생이 되어 너희 발을 씻었으니 너희도 서로 발을 씻어주는 것이 옳으리라 내가 너희에게 행한 것같이 너희도 행하게 하려 본을 보였느니라." 〈요한복음 13:14-15〉라고 하셨다.(Now that I, your Lord and

Teacher, have washed your feet, you also should wash one another's feet. I have set you an example that you should do as I have done for you. 〈John 13:14-15〉)

또한 예수는 착한 사마리아 사람 이야기를 하셨는데 주지하다시피 당시 유대인은 사마리아인하고는 상종도 안 하고 멸시하고 있었다.

어떤 유대인이 여행길에서 강도를 만나 가진 것을 다 뺏기고 사경을 헤매고 있을 때, 유대교 제사장과 모세의 율법을 가르치는 레위 사람은 모른 척 지나갔지만, 유대인이 멸시하고 상종도 안 하던 사마리아인은 '긍휼히 여겨' 상처를 싸매고 자기 짐승에 태워 주막에 데리고 가 주인에게 그를 돌보게 하였으며, 돌아오는 길에 들러서 돈이 모자라면 더 주겠다고 했다. 이 셋 중 누가 하나님이 말씀하신 '네 이웃을 네 자신같이 사랑하라'(Love your neighbor as yourself Luke 10:27)라는 계명을 지켰냐고 질문하신 뒤, 율법교사가 'the one who had mercy on him'이라고 대답하자 'Go and do likewise'라고 하셨다.

그 Samaritan은 강도당한 유대인을 보고 'took pity on him'(불쌍히 여겨) 여관으로 데리고 가 치료해 주었는데(compassion의 실천), 이것이 기독교국인 미국의 핵심 가치관이라고 할 수 있다는 것이다.

강 박사가 하신 이야기 중, 미국의 최고공직자의 선발기준이라는

3C에 대한 내용을 소개하자면 다음과 같다. 즉,

1. Competency(자질, 실력, 능력). 여기에서는 무엇에 우선순위를 두느냐가 중요하다.

다시 말해 priority setting인데, '먼저 그의 나라와 그의 의(義)를 구하라.'(Seek first his kingdom and his righteousness 〈Matthew 7:33〉)에 우선순위를 두어야 한다는 것이다.

하나님의 나라와 그 분의 의를 구한다는 것은 이 세상을 좀 더 아름답고 좀 더 정의롭고 살기 좋은 곳으로 만드는 데 우선순위를 둔다는 것이며, 그것을 최우선 과제로 설정한 사람은 자기 목적을 달성하기 위해서 최선을 다 해 세상을 살기 좋게 만들려고 노력할 것이기 때문이다.

2. Character(성격, 인격, 도덕성, 윤리성) 여기에는 정직(honesty), 자기존중(self respect)도 무척 중요한 요소이지만, 위에서 이야기한 남의 아픔을 함께 나눌 수 있는 compassion이 선행조건이 되어야 한다는 것이다.

마지막 C는,

3. Commitment(헌신)이다. 무엇을 위한 헌신인가(commitment to what?) 좀 더 좋은 세상, 좀 더 좋은 나라를 만들려는 꿈을 지니고 끊임없이 그 꿈을 이루기 위해서 도전하고 헌신하는 사람이어야 한다는 것이다.

우리가 가난했던 시절, 기독교를 믿는 사람들은 목사님의 주선으로 scholarship을 받고 미국유학길에 오르곤 했다. 그런 것을 보면서도 먼 극동의 가난한 나라의 유학생에게 미국인이 베푸는 친절의 근간에 있는 것이 무엇인지까지는 미처 생각해 보지 않았다. 미국에도 여러 종류의 사람이 있고 좋지 않은 면도 있지만, 큰 흐름을 이루고 있는 main stream은 여전히 기독교라는 사실을 알아두어야 할 것이다. 이는 또 우리가 영어공부를 하려면 왜 영어성경과 기독교적 가치관을 알아야 하는지에 대한 대답이 될 것이다.

강영우 박사의 설교내용이 이 책을 쓴 메리로즈의 의도와 부합된다고 믿어 인용했다. 이 책을 한국어로 번역하고 싶다고 하자 메리로즈는 인세는 필요 없으니 번역만 해달라고 하며 기뻐했다. 일본에서 좋은 책을 내는 것으로 유명한, 유수의 출판사 PHP문고도 메리로즈의 진력으로 인세를 안 받겠다고 전해왔다. 메리로즈의 호의가 우리 독자들에게 제대로 전달이 되기를 바라며 이 책이 나오는데 도움을 주신 많은 분들께 감사의 말씀을 올린다.

2010. 3.

김춘미

현대일본총서

한・일 양국은 지정학적인 위치뿐만 아니라, 정치・경제・사회・문화 등 제반 분야에서 그 어떤 나라보다도 가까운 이웃이라 할 수 있다. 그렇지만 양국은 '가깝고도 먼 나라'라는 표현처럼 서로를 심리적으로는 가까이 하기 어려운 대상으로 여겨왔고 지금까지도 그러한 경향이 적지 않게 남아 있는 것 또한 사실이다. 일견 이 모순되는 상황은 양국의 역사적인 갈등과 대립에 의해 형성된 측면도 있지만, 그보다 더 본질적인 원인은 서로에 대한 심도 있는 인식과 이해가 부족하다는 점에서 찾을 수 있다.

21세기 글로벌 시대를 맞아 일본을 재인식하자는 분위기가 점차 고조되고 있으며, 그에 발맞춰 과거 국내에서 행해졌던 일본연구에 대한 반성과 더불어 새로운 비전 설정이 요구되고 있다. 이에 따라, 피상적인 일본이해를 벗어난 분석적이고 본질적인 일본이해의 필요성과, 일본의 특정 분야 연구에서 끝나지 않은 열린 연구에 대한 지향성이 요구되고 있으며, 금후의 한일관계를 공존・공영이라는 큰 틀 안에서 재정립하기 위해서 동아시아적 시작으로 세계의 구조 속에서 일본을 파악할 필요성이 대두하고 있다고 하겠다.

이에 고려대학교 일본연구센터에서는 기존의 연구 성과를 정리하여 일본연구를 체계화하고 새로운 방향성을 설정하고자 〈일본총서〉시리즈의 간행을 기획하게 되었다. 〈일본총서〉 시리즈는

〈일본총서〉시리즈의 간행을 기획하게 되었다. 〈일본총서〉 시리즈는 국내 학자들의 일본연구서, 교양서 등의 저서를 모은 [일본학총서]와 일본이해의 기반을 이루는 고전명작을 해당 전문가가 번역한 [일본명작총서], 그리고 현대일본의 정치・경제・사회・문화 등 제분야를 다룬 명저나 번역서로 된 [현대일본총서]로 이루어져 있다. 본 간행 사업은 거시적인 안목에서 지속적으로 추진해 나갈 예정이며, 이를 통해 한국에서 일본이해의 질적 향상과 더불어 인문학 발전에 기여할 수 있기를 바란다.

아무쪼록 〈일본총서〉 시리즈가 외국연구의 이정표가 되기를 기원하며, 마지막으로 본 총서의 간행을 담당해 준 도서출판 문, 그리고 간행 사업을 지원해 준 일본국제교류기금과 만국박람회기념협회에 깊은 감사를 드린다.

고려대학교 일본연구센터

〈일본총서〉 시리즈 간행위원회

* 본서는 2009년도 일본만국박람회기념협회와 국제교류기금의 보조금에 의한 출판물이다.
本書は平成21年度日本万国博覧会記念協会と国際交流基金の補助金による出版物である。

▌저자 Marie Rose 이시구로(石黑)

레바논 베이루트 출신으로 일본인 이시구로 씨와 국제결혼. 현재 일본에 거주하면서 여러 대학에서 영어교육을 담당하고 있다. 에세이스트로도 활약하고 있다.
1989년 고베(神戶)시 국제교류상 수상. 레바논문화교육센터소장. 저서에 『기독교문화의 상식』, 『기독교영어의 상식』(講談社現代新書), 『성경으로 배우는 영어표현』(岩波新書) 등 다수의 베스트셀러가 있다.

▌역자 김춘미

이대 영문과, 한국외대 대학원 일본어과를 거쳐 고려대학교 국문과에서 박사학위 취득. 일본 도쿄대학 비교문화·문학연구실 객원연구원, 일본국제문화연구센터 객원교수, 고려대학교 일어일문학과 교수, 한국일본학회 회장, 고려대학교 일본연구센터 소장 역임. 옮긴 책으로 『인간실격』, 『해변의 카프카』, 『본격소설』 등 다수.

현대일본총서 05

성경으로 미국을 읽다

일본 교육의 현장에서

초판 1쇄 발행 2010년 3월 30일

지은이 石黑 Marie Rose
옮긴이 김춘미
발행자 최명선
펴낸곳 도서출판 l문

주 소 서울특별시 종로구 숭인동 1388 동양파라빌오피스텔 1121호
전 화 929-0804(편집부), 922-2246(영업부)
팩 스 922-6990
ISBN 978-89-964111-4-7
정 가 12,000원